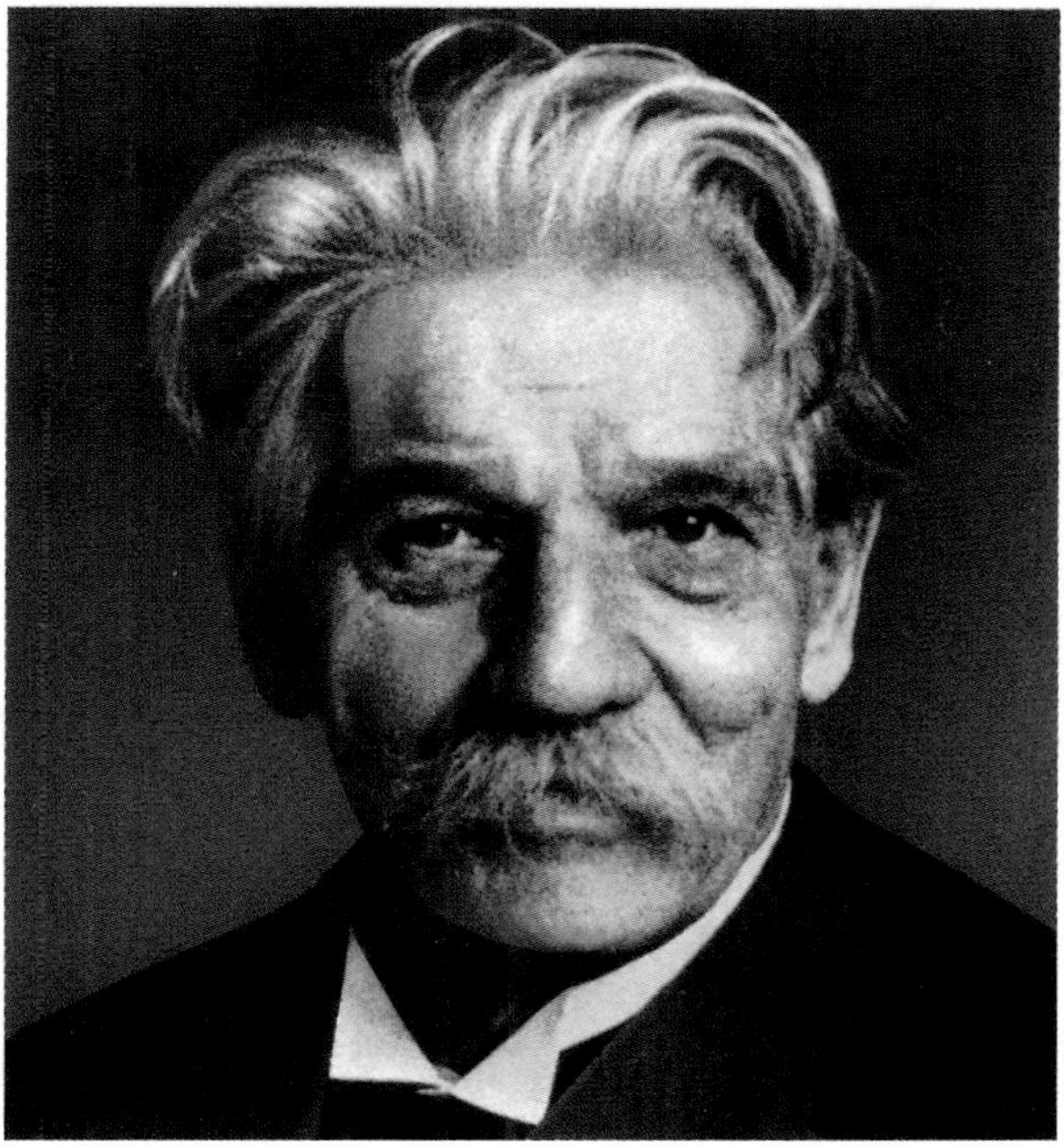

アルベルト=シュバイツァー

シュバイツァー

● 人と思想

小牧　　治
泉谷周三郎　共著

31

CenturyBooks　清水書院

シュバイツァーについて

愛と実践

「シュバイツァー」といえば、赤道直下のアフリカで、黒人のために身をささげた人として、その名を知らぬ人は少なかろう。ときには、人はかれを神さまのようにあがめさえする。たしかにシュバイツァーはえらかった。偉大であった。しかし、どういう点が偉大なのであろうか。なにゆえに黒人が、かれを慕い、かれをあがめ、なにゆえに世界が、かれに注目し、かれをたたえたのであろうか。

わたしは、短期間ではあったが、かつて西欧（ドイツ）で、市民生活を送ったことがある。シュバイツァーが生まれた村には行けなかったが、その地方に旅をしたこともある。わたしは、市民生活のなかにはいって、キリスト教的な市民の日常生活を、じかに、このからだでふれてみようと願った。そのため、ごくふつうの人たちと、親しくおつきあいをしてすごしたのであった。

日曜日になると、いつもわたしは、下宿の人とともに、ラジオやテレビを通して、きれいな教会音楽や説教をきいた。ながい歴史を通して、キリスト教は、市民のなかに浸透し、本能のように生活といったいになっていた。ただ、下宿のおじさんや近所の人は、あまり教会へは行かなかった。奥さんをなくした下宿のおじさんが、あるとき、こんな不平をもらしたことがある。お医者さんは、親しく妻の病気を診断して、治療してくれた。親切だったドクター（お医者さん）には、感謝している。だが、教会の牧師さんは、同じようにカネを取りながら、いったい、何をしてくれたというのか、と。おじさんは、教会におさめる教会税の高いのにも、不満であった。しかしこのおじさんも、敬虔《けいけん》なクリスチャンであることに、かわりはなかった。仏教の国からきたわたしや、回教の国からの青年に、よく、神が世界を創造したゆえんを、話してきかせるのだった。

病苦を救ってくれるお医者さん！　敬虔なおじさんがいだくこの思いこそは、まことにそぼくではあるが、教会や説教よりは、医者によせる信頼を、暗示しているといえよう。少なくともこのおじさんには、教会の説教と医者の治療とは、調和してはいなかった。

わたしは、ここで、シュバイツァーを思い、シュバイツァーの生きかたを、あおぎみるのである。神学者であり、牧師であったかれは、キリストの愛の教えを、未開の、しかも炎熱下の黒人社会における医者という形を通して、実現しようとしたのである。それこそは、ほんとうの愛の伝道といえるのではなかろうか。有効な実践を伴わない宗教的・道徳的説教のごときは、もはやうつろな論にすぎないであろう。現実ばなれの教えや説教は、こんにちの複雑な、なげかわしい状況のなかにおかれている人びとを、ほんとうに救うことはできないであろう。

一八七五年（明治八）一月一四日、わがアルベルト＝シュバイツァーは、当時のドイツ領（現フランス領）上エルザス州のカイザースブルクに、牧師の子として生まれた。

聖なる決意への道

幼少のかれにとって、教会は、神秘的で、また楽しい憩《いこ》いの場所であった。音楽的才能のあったかれは、すでに五歳ごろから、ピアノの手ほどきをうけた。八歳ごろオルガンを習いはじめ、まもなくバッハの偉大さに心をひきつけられるにいたった。やがて一八歳のときには、パリで、パイプオルガンの巨匠ヴィドールの弟子となり、そこで、本格的に音楽を学ぶことになったのである。また同年、シュトラースブルク大学に入学し、神学と哲学とを聴講して、三福音書の研究に専念することとなった。

二一歳の夏、ある朝のことである。かねてから、自分の幸福にくらべて、不幸な人がいるのに心をいためていたシュバイツァーは、ふとこんな思いにとらえられた。現在の自分の幸福を、自明のこととして受けとってはいけない。不幸な人びとに、自分もなにかを与える義務がある、と。しばらく考えたのち、つぎの結論に到達した。「わたしは、三〇歳までは、学問と芸術のために生きよう。それからは、直接、人類に奉仕する道を進もう」と。

こう決意したシュバイツァーは、よりいっそう、哲学や神学や音楽に専念した。まもなく、聖ニコライ教会の副牧師となり、ついで、シュトラースブルク大学神学科の講師の座につくことにもなった。また、パイプオルガンの演奏においても、ひろく名を知られるほどになった。「バッハ」にかんする研究は、すでに出版も間近くなっていた。学者として、宗教家として、また音楽家として、すでにかれの将来は、約束されていたのである。

そういうかれに、やがて、三〇歳の誕生日がおとずれた。そしてこの誕生日に、かれは、アフリカで、医師として、黒人を病苦から救おうと決心するにいたった。こうして、三〇歳になったら、直接、人類のために奉仕しようという、かつての若き日の決意は、その具体化の一歩をふみだしたのである。

すでに三〇歳で、大学の講師でもあるかれは、みえをすて、また学生となって医学の勉強に没頭した。六年余かかって、医科の課程を終了したかれは、さらに、熱帯医学を勉強した。

一九一二年、三七歳のシュバイツァーは、アフリカへ出発するため、大学と教会に辞表を提出した。学者として、神学者として、また音楽家として、すでに名の高いかれが、なにを好んで、アフリカの未開地などへ行こうとするのか。ある人たちがいぶかり、ある人たちが反対するのも、当然のことといえよう。だが、シュバイツァーにとっては、それこそが、キリスト教徒としての使命であり、義務であったのである。キリスト教によってはぐくまれた愛の精神と義務感が、かれをそうさせずにはおかなかったのである。そしてこの年の六月、かれは、かれの心のささえとなり、かれの決意をはげまし、かれのプランの実行を助けてくれるよき女性、ヘレーネ＝ブレスラウを妻とすることができた。ふしぎにも資金は集まった。こうして、人類のために奉仕すべき大事業の、物心両面における準備は完了したのである。

崇高なる実践と思索

一九一三年三月、夫妻は、アフリカ、ガボンのランバレネに向かって出発した。ときに、シュバイツァーは、すでに三八歳に達していた。

未開人相手の医療の仕事は、なれないせいもあって、困難をきわめた。しかし、キリスト教的愛の精神にささえられた夫妻は、この困難によくたえ、少しでも黒人の病苦を和らげようと献身的な努力をした。さらに、より広い救済のために病院の拡張につとめた。

しかし不幸なことには、翌年(一九一四年)、第一次世界大戦が勃発してしまった。二人は、ドイツ人捕虜《ほりょ》として、自宅に拘禁され、医師としての活動も禁止されてしまった。

まもなく、パリの友人たちの嘆願などによって、拘禁はとかれた。が、シュバイツァーは、この大戦に直面して、現代文化の退廃を感じ、文化再建の道を考えないわけにはいかなかった。キリスト教を信じ、愛を説く白人たちの間に、なぜ戦争がおこるのか？　文化とはいったい何であるのか？　シュバイツァーは答えることができなかった。かれは、文化の問題と取りくみ、文化の根底となるものをもとめて、思索しつづけた。

ある夏の日、治療のためオゴーウェ川をさかのぼる途中で、とつぜん、「生命への畏敬《いけい》」という考えに、思いいたったのである。生きようとするおのれの生命は、同時に、生きようとする他の生命にかこまれている。この、およそ生きとし生けるもの（生あるもののすべて）の生命を尊《とうと》ぶことこそ、倫理の根本である。したがって、生命を守りこれを促進することは善であり、生命をなくしこれを傷つけることは悪である。個人や社会が、このような「生命への畏敬」という倫理観によって支配されるところにこそ、文化の根本がある。このような倫理の回復、このような倫理による個人や社会の改造、それこそが文化を再建する道である。……シュバイツァーは、このように考えた。

そのご、夫妻はフランスの捕虜収容所に入れられ、あちこちの収容所を転々としなくてはならなかった。大戦がおわったとき、二人は、すっかり健康をそこなっていた。かつ、ランバレネの病院を再開するめどもつかなかった。暗い失意の日々が、シュトラースブルクで暮れていった。ところが、救いの手は、思いもかけぬところからさしのべられた。スウェーデンの大僧正が、連続講演を依頼してきたのである。これがきっかけとなって、かれは、ヨーロッパの各地で、講演やオルガン演奏の会を開き、大成功をおさめることができた。おかげで、ふたたびアフリカで病院を経営することが、実現したのである。

病院は、やがて新築され、拡大していった。シュバイツァーは、ときには建築と医療と病院管理の三役に没頭しなくてはならなかった。ときには、大ききんのため、最大の危機にみまわれなくてはならなかった。また、第二次世界大戦中には、経営が困難におち入ったこともあった。しかし、宗教的・倫理的ヒューマニズムに裏づけられた、この愛の実践は、おいおい世界の人たちの注目するところとなったのである。精神的・物質的な援助が、世界の各地からよせられるようになった。

栄光も、晩年も、苦しむ人のために

ゲーテ研究者としてもすぐれたシュバイツァーは、五三歳のとき、ゲーテ賞をうけた。七〇歳の誕生日には、世界各国の放送局が、祝賀のことばを放送した。シュバイツァーの名は世界に広がり、たたえる声は世界じゅうにたかまっていった。七四歳のおり、ゲーテ生誕二百年記念祭に、講演のためアメリカにまねかれた。そして、一九五三年には、七八歳のシュバイツァーに、ノーベル平和賞があたえられることに決定したのである(翌年一一月、オスロで受賞)。

しかしシュバイツァーは、自分にあたえられたかずかずの栄誉や賞金を、すこしも自分のために使うことはなかった。かれにとって、受賞の喜びは、それによって病舎を改善し、拡大できることであった。老いても、なおかれは、自分の目ざしたこの仕事のために、力をつくして働くのであった。また、「生命への畏敬」に生きるかれにとっては、平和こそが大事であった。かれは、オスロ放送局を通じて、原爆実験の禁止を世界に訴えるのであった。

老いてもなお衰えぬ、このヒューマニストの愛の実践のなかにあって、なによりもかれを悲しませたものは、四〇余年間、労苦をともにしてきた夫人の死であったであろう。ヘレーネ夫人は、一九五七年、スイスの娘(レーナ)のもとで、七九年の生涯《しょうがい》をおえたのである。

やがて、ガボンが、共和国として独立した。新しい国家は、最高の賞(「赤道星十字勲章」)を、この老博士におくって、その労苦をなぐさめ、その努力に感謝し、その功をたたえた。

かれがアフリカにきてから、早くも五〇年がすぎていた。かれは、夫人の死後、みずからもこのランバレネに骨を埋める気持ちで、病院の仕事や文化哲学の完成に専念していた。が、かれもまた人間であった。一九六五年九月四日、かれがつくりあげたこの病院の小さな一室で、九〇年にわたる生涯をとじたのである。娘のレーナに見まもられながら、けだかく美しい一生をおえたのである。安らかな永遠の眠りであった。遺体は、病院の敷地内にある、夫人の墓のそばに埋められた。

翌日、世界各国の報道機関は、いっせいにかれの死をつげ、その死をいたんだ。ちょうどそのころ、インドとパキスタンが武力衝突をし、ベトナム戦争が拡大のきざしをみせ、東西陣営の対立はそのきびしさを増していた。しかし、この偉人の死は、そうした抗争や対立をこえて、世界じゅうの人びとの心を、深くゆさぶらずにはおかなかった。かれがランバレネにのこしたヒューマニズムの精神と事業は、いつまでも、世界の人びとのなかに生きつづけるであろう。いや、生きつづけなくてはならない。

われわれの課題

しかしわれわれは、シュバイツァーを、近よりがたい神や聖人や英雄にして、かたづけてしまってはいけない。しばしば人は、偉大なる人間が偉大であればあるほど、その人をまつりあげ、ただ神聖視するだけですませてしまう。人は、シュバイツァーの生涯に感激し、かれの偉大さをたたえる。しかし、ただそれだけでおわってはいけない。

現代において、シュバイツァーほどに、多くの人から神聖視され、英雄化された人物は、数少ないであろう。かれ自身は望まなかったにもかかわらず、かれには、かずかずの尊称があたえられた。人間性の天才、平和の使徒、人類の友、キリストの再来、人間性の布教者、生きているバッハ、二〇世紀最大の人物……などといった尊称が。たしかにシュバイツァーは、これらの尊称に値する人間であったともいえよう。

しかしわれわれが、かれをたたえ、かれに感激するだけでは、なんにもならない。問題は、シュバイツァーの精神や生きかたのすぐれた点を、すこしでも、わたしたちの日常生活のなかに生かすことであろう。

そして、わたしは、さきに、シュバイツァーのえらさを、キリスト教的な愛の精神を、身をもって実践した点にみてきた。かれは、病苦のなかにあって苦しんでいる未開人のなかへと、とびこんでいった。しかも、炎熱下の未開人のなかへ。そして、そこで、医療によって、キリスト教的な愛の精神をあらわそうとしたのである。こんにち、わたしたちがもとめるメシア（救世主）は、人間が人間らしさを失っている今日の世の矛盾や、苦悩や、貧苦や、病苦から、われわれを解放し、われわれを救ってくれるお医者さんではなかろうか。いや、わたしたち一人一人が、そういう世直しの医者になるよう心がけなくてはなるまい。そのためには、人類愛の精神や、「生命への畏敬」の哲学は、それがこの世の現実のなかで具体化され、実行されることが必要である。

わがシュバイツァーは、ヒューマニズムと医療とを結びつけた。かれの信仰ないし哲学を、病苦にあえぐ未開人の救さいという道を通して、はたそうとした。そのことによって、愛の教えや「生命への畏敬」の哲学は、みのりの多いものとなることができた。

しかし、社会にかんする見識という点になると、シュバイツァーには、不十分な点がみられる。かれには、古い伝統を固守する、いかにもドイツ人らしい頑固さが、なくはない。かれは、病院の組織や設備を近代化することに、かたくなに反対したといわれる。資本主義や帝国主義の本質についても、十分な知恵をもちあわせなかったようである。新興民族の民族主義にたいする理解も、十分とはいえない。白色人種、わけてもドイツ人らしい考えかたや理想を、最高のものとし、それによってものごとをはかり、ものごとを評価していこうとする主観主義が、うかがわれる。わたしは、シュバイツァーが、こうした、社会にかんする見識を、さらにもちあわせていたならば、と思うのである。そうしたら、かれの精神、かれの哲学は、さらに深くゆたかなみのりを、もつことができたのではなかろうか。

ともあれ、わたしたちは、シュバイツァーの生涯や思想のなかから、わたしたちの日々の生きかたや暮らしかたをゆたかにするものを、学びとらなければならない。かれの思想と実践にたいする感激は、わたしたちの身近な生活につながっていかなければならないのである。

一九六七年　初春

小　牧　　治

泉　谷　周三郎

目次

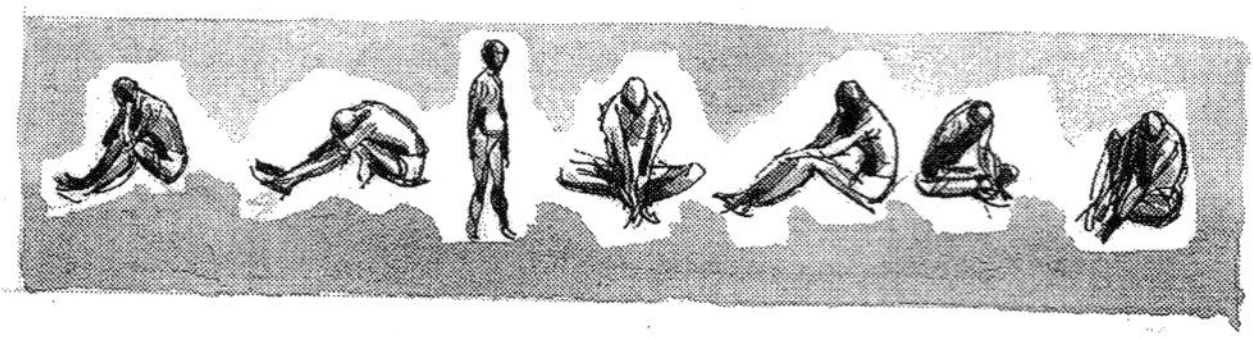

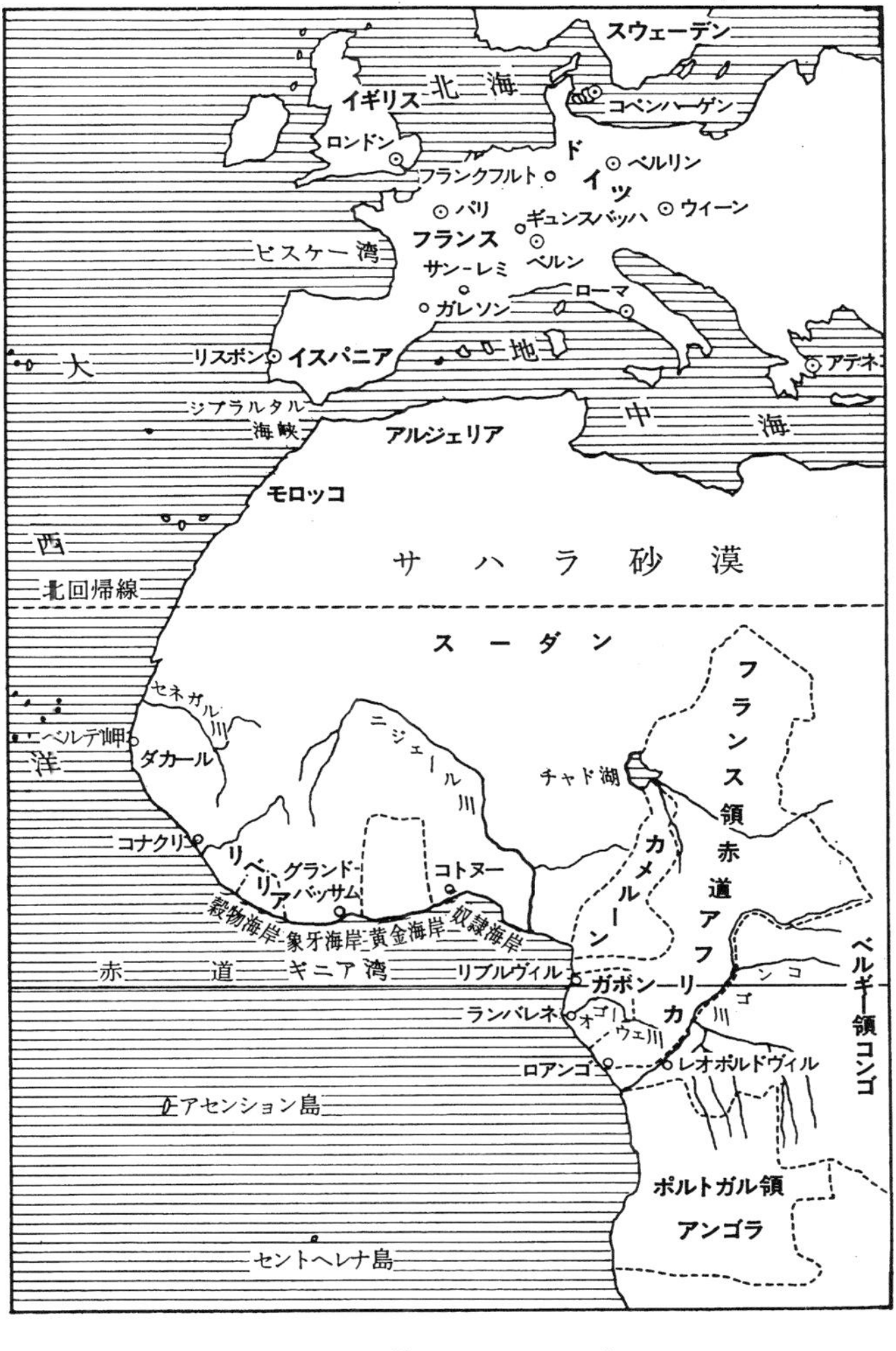

1920 年 頃 の ア フ リ カ

I

シュバイツァーの生涯

しあわせな幼少時代

牧師の家に生まれて

アルベルト＝シュバイツァーは一八七五年一月一四日、上エルザス州のカイザースブルクに生まれた。父、ルートヴィヒ＝シュバイツァーは小さなプロテスタント教会の代理牧師であり、母、アデールもミュールバッハの牧師の娘であった。祖父は学校教師兼オルガンひきで、かれの兄弟の三人までが同じ職業に従事していた。

アルベルトという名前は、母の亡兄の名前を記念してつけたものである。その伯父《おじ》は母の異母兄であったが、一八七〇年のヴァイセンブルクの会戦中、牧師として教区の人びとのことを心配して走りまわり、そのご病いに倒れてなくなった。このように、シュバイツァー家は、多くの牧師と音楽家を出している。したがって、アルベルト自身にも、信仰心と音楽の才能とがゆたかに流れていた。

父はかれの誕生後数週にして、ギュンスバッハの牧師に任命されたので、家族はそこへ移住した。家庭の状況はこのギュンスバッハの時代に、父の病弱と家族の多人数による経済的困難とがかさなって、短期間ではあったが悲惨な時期があった。しかし、それ以外は、全般的に特別裕福でもないが、貧しくもないといった明るい理想的な家庭であった。

アルベルトには、二歳年上の姉と、三人の妹と、一人の弟とがあった。ただし末妹のエンマは、不幸にも三歳で夭折《ようせつ》した。アルベルトは生まれたとき、この子は長く生きてはおれまいと思われたほどひ弱い子どもで、半年後もまだ生命の危険にさらされていた。だから、ギュンスバッハに移転したころ、近所の牧師の奥さんたちがその赤ん坊をみても、だれ一人としてお世辞《せじ》をいうものがなかった。母はそうしたつらさにたえかねて寝室にかけこみ、赤ん坊を抱きしめて泣いたこともあった。しかしギュンスバッハの澄んだ空気と隣家の牛乳のせいであったろうか、アルベルトはめきめきと丈夫な子どもに成長していった。

アルベルトは四歳頃になると、教会に行くことを許された。幼いかれにとって、それはとても楽しいことであった。ところが、ある日、教会のオルガンの横にある鏡のなかに、髯《ひげ》だらけの顔がうつっているのにかれは気づいた。しかも、それは堂内のあちこちをきょろきょろみまわしていた。その顔はオルガンが鳴り、みんなが讃美歌を歌っているうちはみえているが、不思議なことにかれの父が祭壇に上がってお祈りしたり、教壇で説教をはじめるととつぜん消えてしまうのであった。アルベルトは、「これはきっと悪魔にちがいない。だから、お父さんが神さまの言葉を話しだすと消えてしまうんだ」と考えた。

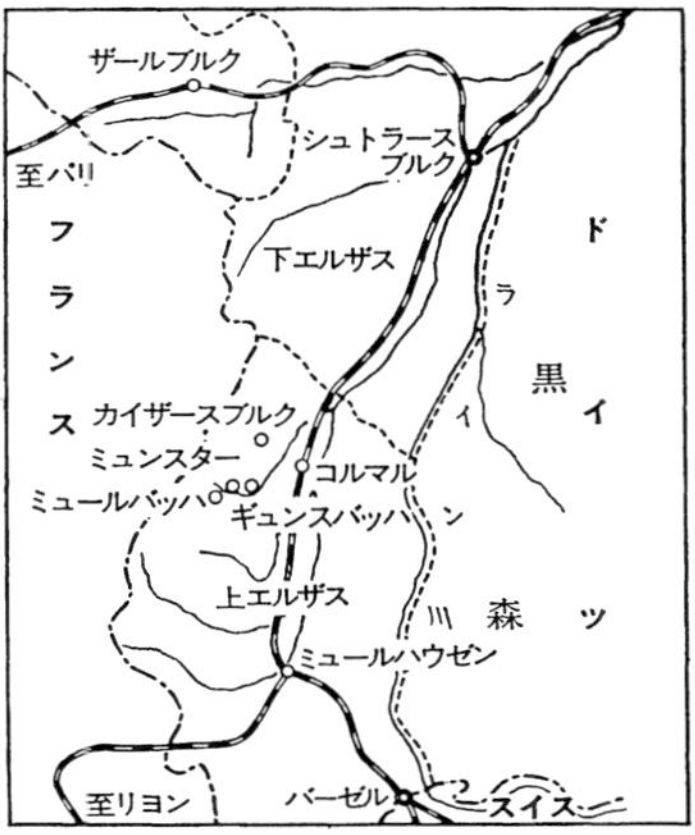

当時のエルザス地方

それからのち、かなりの年月をへて、かれは、以前自分が悪魔と思いこんでいたのは、オルガンひきのイルティスさんであることを知った。髯《ひげ》もじゃのおじさんはオルガンをひくつごうもあって、かれの父が祭壇や説教壇に上がるのをみようとして、オルガンの横にとりつけた鏡をのぞいていたのであった。

アルベルトにとって、教会は親しい場所となるにつれ、同時に、荘厳さに満ちたすばらしい世界となった。花束で飾られた金塗りの祭壇、堂々たるロウソクの立っている大燭《しょく》台、祭壇の上方にあり、ならんで会堂内に祝福をたれている金色のヨセフと聖母マリアの立像、内陣の窓を通してみえる屋根や美しい空の色など。それらはいつのまにかかれの魂をとらえ、恍惚《こうこつ》とした状態のなかで、かれのまなざしを有限から無限へと転じさせるのであった。

父のおこなう礼拝と説教も、かれにとっては、欠くことのできないものであった。とくに日曜日の午後の礼拝は感慨の深いものであった。父が飾りげのないしかたで、自己の心中を公衆に吐露《とろ》しながらおこなう説教は、休日のおわろうとする淋しさもくわわって、なんとも表現しがたい神々《こうごう》しさを人びとに感じさせるのであった。

アルベルトはこのような教会での生活のなかで無意識のうちに荘厳なものへのかぎりない憧憬《どうけい》と、静寂《せいじゃく》や心の落ちつきをもとめる性向とを身につけていった。おそらく、幼少時代の教会への密着が後年のかれの信仰に影響をおよぼし、神秘主義的思想の形成になんらかの役割を演じているであろう。

かれも五歳になると学校へ行かなければならなかった。一〇月のある晴れた日、父はかれに石板をもたせて学校につれていった。しあわせな家庭生活と教会での神秘的体験になれ親しんでいたせいか、かれは学校にあがることにぜんぜん喜びを感じなかった。父につれられて学校へ行く道すがら、かれは「これで、夢もすばらしい自由もおわってしまうんだ」と思って、しくしく泣きながらついていったのである。

毎週二回肉スープが飲めたら

だが、まもなくアルベルトは学校にもなれ、村の少年たちの仲間となって遊びまわるようになった。

そのころ、隣村に住んでいたマウシェというユダヤ人が、時おり行商のために驢《ろ》馬車をひいて村を通ることがあった。村の少年たちはかれらの村にユダヤ人がいなかったせいもあって、マウシェをめずらしがり、その姿をみつけると、一団となって追いかけては大声をあげてからかうのだった。アルベルトも一人前のつもりで仲間にくわわって、「マウシェ！　マウシェ！」とはやしたてた。なかでも勇敢な少年は前掛《まえかけ》や上着のはしで豚《ぶた》の耳のかたちをつくっては、そのユダヤ人のそばに行ってからかうのだった。でも、マウシェは、当惑しつつもやさしい微笑を浮かべて驢馬とならんでゆうゆうと立ち去るのであった。アルベルトはのちにギムナジウムにはいってから、マウシェがそうした迫害をだまってた

5歳当時のシュバイツァー

えしのぶことの偉大さを知り、自分のけいそつな行動を後悔した。そのご、道で出あったときは挨拶をしたり、もし同じ方向へ行くときはいっしょにならんで話しながら歩くのであった。

　アルベルトはもともと喧嘩《けんか》好きではなかったが、年のわりに身体が頑健《がんけん》であったので、村の少年たちと力くらべをするのを好んだ。

　ある日、学校の帰りにいつもの調子でかれは一人の少年と組みあった。相手は身体が大きく、みんなにかれよりは強いと思われていた。だが、アルベルトはとうとうその少年を組み伏せてしまった。そのとき、下敷きになった少年はくやしそうに叫んだ。「ぼくだって、君のように毎週二回も肉スープを飲めたら、負けないんだ」と。かれはこの言葉を聞いて愕然《がくぜん》とし、家に飛んで帰った。その少年は、村の少年たちが日頃ひそかに感じていたことを、はっきりと述べたにすぎなかった。かれらからみれば、アルベルトは村の牧師の長男であり、「坊ちゃん」的存在であって、決して仲間の一人ではなかったのだ。このことは、かれのような敏感な少年にとってはつらいことであった。この事件いらい、かれは肉スープを嫌うようになった。食卓で肉スープがおいしそうに湯気をたてているのをみると、かれはすぐに「毎週二回スープが飲めたら」という言葉を思い出した。かれはもう決してそれを飲もうとはしなかった。村の少年たちから差別されること、それはほんとうにいやなことだった。「坊ちゃん」と言葉をかけられるたびにかれの心は傷ついた。そんなわけで、アルベルトは服装や態度をできるだけ村の仲間と同じようにすることに細心の注意をはらった。

　そんなとき、運わるく父が心配して、冬のマントを作ってくれた。もちろん、村の少年たちはそんなものを着ていなかった。かれは困惑した。洋服屋がマントを着せて、「坊ちゃん‼　これで紳士ですよ」とお世辞をいったときも、ちっともうれしくなかった。ところが、つぎの日曜日それを着て教会へ行くことになっていた。しかしかれは着なかった。父は立腹してびんたを一つあたえた。それでも着ようとしなかった。ついにかれは、マントなしで教会へ出かけた。アルベルトはまだ幼いにもかかわらず、自分が上等な服を着たり、高価な帽子をかぶることにたいして、貧しい村の少年たちのことを考えて、ひけ目を感じていたのであろうか。

なんじ殺すべからず

アルベルトはとくに動物たちの苦しむ姿をみては小さな胸をいためた。あるときは、年老いたビッコの馬が無理に屠殺《とさつ》場にひかれていく姿をみて、何週間もそのまぼろしに追いまわされた。またあるときは、隣家の老馬にのって、それが疲れているのを承知しつつも鞭《むち》をくわえて走らせ、馬具をはずすさいになって、馬の脇腹が大きく波打っているのをみてひどく悔恨《かいこん》するのであった。かれは、動物の苦痛にたいしては、異常なほど神経質で感受性の強い少年であった。つぎのエピソードは、かれのそうした性格をはっきり示すとともに、動物への深い思いやりを美しいほどまでに物語っている。

七つか八つのときのことだった。かれは友だちと二人で、ゴムひもを用いてパチンコを作ったことがあった。そのつぎの日曜日の朝、友だちが来て森へ鳥をうちに行こうと誘った。かれはその申し出に気のりがしなかったが、さりとて反対するほどの勇気もなく、しぶしぶついて行った。それは受難節のころだった。小鳥たちは澄んだ大気のなかを元気に飛びかい、木々の枝にとまっては楽しくさえずっていた。友だちは身をかがめながらパチンコに小石をはさんで小鳥をねらった。そしてかれにも早くねらうように目くばせをした。アルベルトは心のなかで良心に責めたてられながらも指図にしたがった。ちょうどその瞬間であった。とつぜん教会の鐘が鳴り響いた。かれにはその鐘の音がまるで「なんじ殺すなかれ」と叫んでいる神の声のように聞こえた。かれはパチンコを投げだすと、大声をあげて小鳥たちを追っぱらってしまい、友だちからのがれて、まっすぐ家に帰った。

この体験ののち、アルベルトは受難節の鐘の音を聞くと、「なんじ殺すべからず」という神の言葉を思い出し、神の恩寵《おんちょう》に心から感謝するのであった。わたくしたちはすでに少年時代のこの体験のなかに、後年の「生命への畏敬」という思想のごくそぼくな萌芽《ほうが》をみることができよう。晩年のシュバイツァーは、この体験についてつぎのように述べている。

「わたしはこの日から他人を恐れる気持ちから解放された。自分にまごころからの確信があるばあい、もはや他人の意見を重んじなくなった。……こうした経験によって、わたしの心にはしだいに確固たる信念が形成されていった。それは絶対やむをえないばあいでなければ、ほかの者を殺したり、苦しめたりしてはいけないという信念である」と。

アルベルトは一〇歳になったとき、ミュールハウゼンのギムナジウムにはいった。この町は、自由市としての長い伝統をもつ、有名な紡織工業中心の都市であった。かれはそこでは、子どものない伯父の家に世話になった。伯父は小学校の校長をしており、少しばかり陰気臭い官舎にはいっていた。伯父の家は、両親に劣らないほどの愛情でもって、だがきびしくアルベルトを教育した。

厳格な伯父の家で

伯父の家での生活はすべてが規則的だった。アルベルトの一日の大部分は、午前中に学校、午後に、ピアノ練習、学校、宿題、ピアノ練習というぐあいに決められていた。かれは昼食後、学校に行く時刻までかならずピアノの練習をし、さらに夜勉強をおえると、再びピアノの前にすわらなければならなかった。時おりかれがいやな顔をすると、伯母は「これからお前にとって、音楽がどんなに役だつかもしれないよ」といっては練習をすすめるのであった。伯母のこの口ぐせの言葉が、後年実際に実現しようとはだれが想像したことであろう。

また、伯母の読書法は一風変わっていた。かの女は読書とは文体を味わうものと解釈して、毎日夕食前一時間、食後二時間だけ本を読むのを習慣としていた。たとえどんなに感激的な場面を読んでいようとも、一五分も余計に読書することはほとんどなかった。ところが、アルベルトの読書欲はもっと旺盛《おうせい》であり、その方法も伯母とは正反対であった。かれは本を読みはじめるとおわりまで読んでしまわないと満足しなかったし、気に入ると二回でも三回でもくりかえして読む癖《くせ》があった。伯母はこうしたかれの読書傾向をあらためようとして、いましめたり、皮肉をいったりしたが、これだけはだめであった。かれにたいする訓戒も読書法に関してはまったく効果がなかった。

アルベルトは早くから新聞を読むようになっていた。とりわけ政治面に興味があった。しかし、伯母は子どもが新聞を読むことを嫌った。多分かれが三面記事や連載小説だけを読んでいるのであろうと考えていたのであろう。それで新聞を読むための時間として一五分しかあたえなかった。アルベルトはそれが不満だった。「もっと新聞を読ませて下さい」となんども頼んだ。ついに伯父が仲裁《ちゅうさい》を申しでた。ある夕食の席上、かれが本当に政治面を読んでいるかどうかをテストすることになった。「バルカン諸国の君主はだれか」「その国の首相の名前は？」などという質問が、発せられた。かれはどうやらこの試験に合格し、そのごは勉強をおえてからも新聞を読んでもよいと許された。伯父はこのことがあってから、しばしば食卓で政治の話さえしてくれるようになった。

このようにして、アルベルトは伯父の家で厳格に育てられた。かれがそのことによっていかに多くの恩恵をうけたかは、想像できないほどであった。

夢みる少年

アルベルトは五歳のとき父からピアノを習い、七歳で早くも讃美歌に自分なりの伴奏をつけて教師を驚かした。パイプオルガンは八歳のときから本格的に学びはじめた。かれはもともと音楽的才能にめぐまれていたせいもあって、九歳になると教会でオルガンの代奏をするまでに上達していた。だが、ミュールハウゼンに移ってからは、伯母の定めた練習時間にいやいやながらひいたり、即興的にひいたりして、曲そのものの研究を怠っていた。

ちょうどそのとき、音楽学校を優秀な成績で出たばかりのオイゲン＝ミュンヒがかれの音楽教師となった。ミュンヒ氏はすぐれた音楽教育家であったけれども、アルベルトには最初手をやいていた。ついにこの先生は、アルベルトがモーツァルトの曲を感情をこめることなく無味乾燥にひいたとき、かれの前にメンデルスゾーンの無言歌の楽譜をひらいていった。

「君にはこんな美しい曲を演奏して聞かせる値うちはないよ。感情をもっていない人にぼくの感情をあたえるわけにはいかないからね。」

この言葉がアルベルトを奮起《ふんき》させた。かれは「ぼくが感情をもつことをみせてやる」と決意して、まる一週間、この曲を熱心に研究し、十分に練習した。つぎのレッスンのとき、運指法と練習曲の稽古《けいこ》をおえたのち、かれは無言歌を自分の感じるままにひいた。ミュンヒ氏はそれを聞いてはじめてかれの才能を認め、自分で別の無言歌をひいて聞かせた。それから、かれにベートーヴェンの一曲を課題としてあたえ、三週間後にはバッハをひくことを許した。アルベルトはこうしてミュンヒ氏によって演奏のしかたを教えられた。それと同時にシュテファン教会のオルガンで練習する機会まであたえられ、音楽家としての基礎を確立しはじめた。

かれは、学校でも最初はよい生徒ではなかった。ミュールハウゼンに移っても、この傾向は相変わらずで

家族のアルバム（1890年）

左からアルベルト，父，姉ルイーゼ，妹のアデールとアルグリット，母，弟パウロ

あった。かれには夢想にふける習慣があり、学校での勉強よりも、故郷での両親のこと、森での美しい情景、教会での礼拝などに思いをはせることが多かった。父母は、学校での成績がいぜんとして悪いことをひどく心配した。しかしアルベルト自身には、がんばろうという意欲がまったくなかった。ついに最悪の事態がおこった。校長は父親を呼びだし、退学することが最善の方法であることをあんに勧告したのである。さらに、牧師の子弟にあたえられていた特典も、とりあげられた。父は、あまりにも情けない息子のありさまに落胆《らくたん》して、叱《しか》る気力さえ失っていた。

そこへ新任の教師が救い主としてあらわれた。この先生は毎時間授業の内容を綿密《めんみつ》に準備してきて、いつも予定のところまできちんと進んで授業をおえるのであった。生徒の自習帳なども几帳面《きちようめん》に調べてかえしてくれた。アルベルトは教育にたいする先生のもえるような熱意と、自己にたいするきびしい態度とに驚きかつ感心した。かれはだらしのない自分の態度が恥ずかしかった。そして、ようやく学問のもつ意義を少しずつ理解しはじめた。勉強の効果は驚くほどだった。成績は急激に上昇して、三か月後の成績発表では優秀な生徒の一人になっていた。かれは、こうしてひとたび夢想家であることをやめてからは、とくべつ優秀な生徒ではなかったけれども、つねに成績のよい生徒の一員であった。

かれは授業のうちでも、とくに歴史と自然科学に興味をもった。歴史は読書のせいもあって、あまり勉強しなくてもよくできた。それに反して、自然科学の授業には、どうにもなじめないものがあった。文科系の学校であったせいであろうか、教師たちは公式的に自然現象を教える傾向があった。かれらは雨・風・雷・雲の発生などがすべて解明されたかのように語った。しかし、アルベルトには、科学が生命や自然現象のすべてを解明しつくしたとは思えなかった。それらの背後には何か説明できないものがあるのだ。かれの知識欲は増大した。しかも、それと同時に、再び未知なる世界への憧憬《どうけい》がかれをとらえた。かれにとって、もはや歴史もたんなるおもしろい学科ではなくなった。歴史現象は謎であり、過去を完全に知ることは不可能であることを理解するようになった。

再びかれは夢みはじめた。精神的目ざめと同時にまた夢想がはじまったのである。しかも、それは、生の真実を究明しようとする意志をともなったものであり、以前の夢想とはまったく質を異にした、よりいっそう真剣な夢想であった。

理想にもえる青年時代
——学問と芸術——

シュトラースブルク大学にて　一八九三年一〇月、アルベルト＝シュバイツァーはシュトラースブルク大学に入学した。ここでは聖トマス教会の神学校の寮にはいり、大学では神学と哲学とを同時に専攻した。この大学は普仏戦争後ドイツの支配下にはいったせいもあって、そのころ若い有能な講師が多く、教師も学生も新時代の理想を実現しようとする意欲にもえていた。

シュバイツァーはギムナジウムですでにギリシア語とラテン語は十分に学んでいたが、ヘブライ語は初歩しか学習していなかった。そのためヘブライ語には苦しみ、その予備試験には全力を集中しなければならなかった。しかも試験の結果は努力したわりにはよい成績ではなかった。

かれが大学で非常に熱意をもって聴講したのは、有名なホルツマン教授の三福音書[1)]の講義と、ヴィンデルバント教授とツィーグラー教授とによる哲学史であった。とくにホルツマン教授の講義は、シュバイツァーにこの三福音書への関心を強め、それについてのさまざまな注釈書を読ませる動機となった。

1)　新約聖書のマタイ伝・マルコ伝・ルカ伝をいう。

ところが、大学にはいって半年もたたないうちに、一年間の兵役義務をはたすため軍隊にはいらなければならなかった。だが幸運にも、シュバイツァーは、中隊長の好意によって、ヴィンデルバント教授の講義に出席することを許された。そのころの大学では奨学金を志願する学生は三科目の試験に及第しなければならなかったが、兵役服務中の学生にかぎり、一科目だけで許可された。そこでかれは奨学金の願書を提出し、その試験のテーマとして三福音書を選ぶことにした。

一八九四年の秋、軍隊の大演習がおこなわれた。このとき、シュバイツァーは、ホルツマン教授の試験を優秀な成績でパスしたいと考え、背《はい》のうの中にギリシア語の聖書を入れてでかけた。かれは田舎出の若者らしく頑健で強かったので、数時間にわたる強行軍や演習を少しも苦にしなかった。そして教練のあいまや休日には聖書をとりだし、ひまをおしんで勉強した。

やがて、シュバイツァーは、聖書を精読しているうちに奇妙なことに気づいた。かれは、夏のあいだにくわしく学んだ恩師の注釈ではどうしても納得《なっとく》できない聖書の部分に、ぶつかったのだ。しかしホルツマン教授の注釈は、当時の学界ではもっとも権威あるものであった。その学説によると、三福音書の中ではマルコ伝が最古のものであり、マタイ伝とルカ伝はマルコ伝に基づいて記述されたものと解釈されていた。だが、シュバイツァーは、マタイ伝の一〇章と一一章を調べているうちに、マタイ伝だけに書かれ、従来の注釈ではどうしても解釈できない部分をみつけたのである。その一つはマタイ伝一〇章の十二使徒派遣の問題であった。そのなかでイエスは、

「あなたがたはわたしの名のゆえにすべての人に憎まれるだろう」と迫害をうけることを告げ、さらに、

「あなたがたがイスラエルの町々をまわりおわらないうちに、人の子はくるであろう」

と、救世主《メシア》の到来を述べている。しかしイエスの予想は実現しなかった。使徒たちは迫害などうけなかったし、救世主も訪れなかった。これはいったい何を意味するのか。イエスがまちがったのであろうか。これにたいするホルツマン教授の注釈は、この記述はあとで聖書に付加されたものと解釈していた。しかしシュバイツァーにはそれが承服《しょうふく》できなかった。かれは、軍務で疲れた身体を床に横たえながら、眠られぬままに、この解釈を考えつづけたのであった。


大演習をおえてシュトラースブルクにもどったとき、シュバイツァーの胸には、さきの疑問にたいする自分なりの解釈が形成されていた。それはつぎのような解釈であった。イエスは、かれと使徒によって実現される神の国を説《と》いたのではない。かれが説いたのは、きたるべき超自然の神の国の実現であり、それへの待望であったのだ。しかし、シュバイツァーはこの解釈を安易に発表せず、三福音書の研究にいっそう専念するのであった。

バッハとワーグナーに親しむ

シュバイツァーは大学に入学する直前にパリを訪れた。そこでかれは、伯母の紹介でパイプオルガンの巨匠ヴィドールに会うことができた。かれはまだ四〇代であったが、パリの音楽通の人びとには巨匠として知られていた。シュバイツァーが自分のオルガンを聞いてくれるように

頼んだとき、この巨匠は「君は何をひきたいか」ときいた。「バッハです。もちろんバッハです。」そう答えてシュバイツァーは演奏をはじめた。ヴィドールはこれを聞くとすぐに、このエルザス出身の若者の入門を許し、しかも無月謝の生徒として認めた。こうしてシュバイツァーはこの巨匠のもとで、技巧の基礎と音を立体的に表現するしかたとを体得していった。そのご、二人の師弟愛は年とともに友情へと発展し、二人でバッハを研究し、演奏するようになった。このことは、シュバイツァーの名著『バッハ』がヴィドールのすすめにしたがって書かれたことや、『バッハのオルガン作品集』がヴィドールとの共編であることからもうかがわれる。

このころ、シュバイツァーは、おそらく将来音楽家として活躍する自分の姿を、なんどか想像したことであろう。だが他面では、演奏家としての自信はもてたが、バッハの偉大さを知れば知るほど、自分には音楽の創造的才能が欠けていることを感じたのであろう。

当時、かれはバッハを深く崇拝し、それに親しみはじめていた。つぎのエピソードはその事実を語るものである。

あるとき、シュバイツァーはオルガンをみせてもらうために一人の音楽家をたずねた。その音楽家は若い学生の訪問に気をよくし、腕前を自慢しようとバッハのフーガ曲を演奏した。そしてひきおわったとき、「君、できるならひいてみたまえ」と勿体《もったい》ぶっていった。するとシュバイツァーは何もいわずに静かにすわり、楽譜をとじてバッハのフーガ曲を、みごとにひいたのである。これを聞いた音楽家の驚いたようすがどんなだったか、手にとるようにわかる。

シュバイツァーは音楽においてはつねによき師にめぐまれ、ますますその才能をみがいていった。かれは、音楽家のなかでは、もちろんバッハをもっとも尊敬し、愛したが、バッハとは対称的なワーグナーの音楽も好んだ。かれによれば、ベートーヴェンとワーグナーとは詩人に、バッハとシューベルトは画家にたとえられる。バッハとワーグナーはこのように正反対な性格の音楽家である。つまりバッハは言葉で表現できないような超地上的なものを音楽で表現し、ワーグナーは大規模な音楽的構成のなかで、音の言葉によって人びとに語りかけるのである。シュバイツァーはこの両者の音楽を愛し、これに親しみつづけた。

かれがはじめて、ワーグナーのタンホイザーを聞いたのは、ミュールハウゼンで一六歳のときであった。そのとき、この音楽は深い感銘《かんめい》をあたえ、それから数日間、かれは授業に身がはいらないほどであった。

シュバイツァーは大学時代には、シュトラースブルクの市立オペラに親しみ、よくその上演をみに行った。このオーケストラには著名な音楽家はいなかったが、すぐれた指揮者と、よい歌手にめぐまれていた。このオーケストラはとくにワーグナーの作品をすばらしい音調と統一とによって展開するのであった。シュバイツァーがワーグナーの作品に通ずることができたのは、主にこの市立オペラのおかげであった。

また、二一歳の秋、パリの伯父と伯母が、バイロイトで上演されるワーグナーの「ニーベルンゲンの指輪」の入場券を贈ってくれた。それは一八七六年の初演いらい、はじめての上演であった。貧乏学生であったシュバイツァーは、バイロイトまでの鉄道の切符を買うために、しばらくのあいだ、一日一食でがまんしなければならなかった。バイロイトの舞台は簡素であったが、ワーグナーの精神をよく体現していた。かれは愛する巨匠の、音にたいする理解の深さ、そして詩・劇の展開に感激し、大きな感動を味わったのだった。

三〇歳までは学問と芸術とを

シュバイツァーは、両親の慈愛のもとで、しあわせな幼年時代をすごすことができた。しかし、かれは自分が幸福な日々をすごしていることをいつも気にしていた。とくに周囲に不幸な人びとの姿をみたとき、自分だけが幸福であることに疑問を感じた。不幸に苦しむ人びとに深い同情をもてばもつほど、自分だけがしあわせな生活をすごしていることがたまらなく感ぜられるのであった。

こうした考えは漠然《ばくぜん》とではあったが、シュバイツァーの心にいつもひそんでいた。まもなく、人間は幸福な生活を当然のこととして受けとる内面的権利をもっていない、と考えるようになった。人は自分のために自分の生命を保持すべきではない、というイエスの言葉をかれは深く理解した。イエスのこの言葉は、人生において幸福なものは、不幸な人びとに多くのものを提供して、いっしょに不幸の重荷を背おわなければならないことを教えていた。

シュバイツァーの学生時代は多忙なうちにどんどんすぎた。かれは、再び、自己の幸福を自明のこととしてうけとることに、疑問を感じはじめていた。「償《つぐな》いをしなければならない」という言葉が、しばしば心のなかでささやかれるようになった。イエスの教えから、かれはしだいに、自分のような幸福にめぐまれたものは、不幸な人びとの苦痛を少なくする使命があると考えるようになったのである。「学問と芸術を通して

ギュンスバッハの村

ではなく、直接的に苦しむ人びとに奉仕すべきだ」とも考えた。やがて、こうしているうちに、自己の幸福と他人の不幸という問題にたいして、かれは決断をくだす時期をむかえたのだった。

　一八九六年五月、シュバイツァーが二一歳のときであった。かれは、聖霊降臨祭の休暇で、ギュンスバッハの牧師館に帰っていた。ある晴れた朝、小鳥の声に目ざめて、床の中に横たわっていたかれは、さわやかな朝の大気を味わいながら、自分の幸福と他人の不幸、あるいは、幸福な人間と不幸な人間という問題を考えはじめた。またもかれは、人間は自己の幸福を当然の権利としてうけとってはいけない、という考えにとらえられた。ふとイエスの言葉を思い出した。

「自分の命《いのち》をえているものはそれを失い、わたしのために自分の命を失っているものは、それをうるであろう。」この言葉が、かれの全身をゆすぶった。かれは、このイエスの言葉に自分もしたがってみようと思った。「イエスは三〇歳までは大工として働いた。三〇歳、私にはまだ九年間残っている！」そんな考えにとらわれているうちに、とつぜん一つの決意が浮かんだ。「そうだ。わたしは三〇歳までは学問と芸術とに生きよう。それからあとは人に直接奉仕する道を進もう」と。

ついに、決断がくだされたのだった。しかし、このときシュバイツァーは、アフリカの植民地に医師として出かけ、病気で苦しむ黒人を救おうと決意したのではない。まだかれにとっても、直接奉仕する道がなんであるかはわからなかったのである。

シュバイツァーはこうして、ここで、少年時代から体験し考えてきた、自己の幸福と他の不幸な人びとへの同情という問題に、一つの解答をあたえたのであった。しかも、その決断をうながしたのはイエスの教えであり、イエスに力づけられて、かれは生涯の運命を決定したのである。

パリにて

一八九七年、シュバイツァーは国家試験の受験を申しでて、受験者に課せられた「シュライエルマッヘルの最後聖餐論《せいさんろん》」にとりかかった。この論文を作成するにあたって、かれは、最後の晩餐《ばんさん》がイエスや使徒たちにあたえた意義は、きたるべき神の国において祝われる晩餐への期待と関係があるのではないか、ということを感じた。そこで、かれは聖餐の解釈にとまどいをおぼえたが、最後には、この問題は福音書とイエス伝の問題にたちもどって考察する必要があると考えるにいたった。

翌年の五月、シュバイツァーは最初の神学試験に合格した。その結果、パリへの留学を許す奨学金をうけることができた。この奨学金は六年間あたえられ、貸与生《たいよ》はそのあいだに博士の一段下にぞくする神学得業《とくぎょう》士《し》の学位をとる義務があった。シュバイツァーはツィーグラー教授のすすめにしたがって、最初に哲学の学位論文を書くことに決め、題目を「カントの宗教哲学」とした。

こうしてかれは、ソルボンヌ大学で哲学を聴講するためにパリに向かった。ところが、ソルボンヌ大学は、予想に反して、学問研究のよい場所ではなかった。とくに、教授法の古さと学校組織の官僚化がひどかった。優秀な教授がいるのに、かれらは試験課目に直接関係する講義か、特殊講義をするだけで、シュトラースブルク大学におけるような四、五時間連続する講義はなかった。シュバイツァーは失望した。それで、大学の講義にはあまり出席しないで、もっぱら音楽と学位請求論文に熱中したのだった。

世界の都、パリ。芸術の都、パリ。そこには多くのすぐれた音楽家が活躍していた。かれは再びヴィドールのもとに通ってパイプオルガンを習いはじめた。さらに天才的女流ピアニスト、マリ＝ジャエル女史と、伝統を重んずるフィリップ教授のもとで、ピアノを学んだ。この二人の音楽家はおたがいに相手を嫌っていたので、かれは自分が両者の生徒であることを知られないように気をくばらなければならなかった。いつも午前中はマリ＝ジャエル女史のところで、午後はフィリップ教授のもとで学んだ。シュバイツァーは女史からは演奏技術について多大の影響をうけた。かの女は、かつて一流のピアニストとして活躍していたが、とつぜん引退してピアノのタッチの研究に専心していた。ピアニストは指が鍵《けん》に触れるとき、その接触のしかたを完全に意識していなければならない――これが女史の持論で、かの女はこの学説を生理的に基礎づけようと苦心していた。シュバイツァーはこの天才婦人の実験材料となり、のちに、手をすっかりつくりかえたと述懐《じゅっかい》するほど、むだなく手を使うしかたを修得した。

一方、フィリップ教授も親切に指導してくれた。教授は、極端すぎるマリ＝ジャエル式教育の欠陥をおぎなうと同時に、貧しいかれのためにあれこれと気をくばるのだった。あるとき、教授は、シュバイツァーが金の不足のため、空腹をがまんしているのに気づくと、授業のあと、レストランにつれていき、腹いっぱい食事をおごってくれるのだった。

このようにシュバイツァーはよき音楽家にめぐまれたが、この年の秋、かれのオルガンの師であるオイゲン＝ミュンヒがチフスのために死去した。それは悲しい知らせだった。きびしく、やさしく指導してくれた恩師。ベートーヴェンとバッハをひくことを許してくれた恩師。シュバイツァーはこの恩師のおもかげをフランス語の小文にまとめ、『オイゲン＝ミュンヒ』の名をつけ、ミュールハウゼンで出版した。これはかれが書いたはじめての刊行物である。

この当時、かれはきわめて健康であったので、学位論文の作成が音楽の練習でさまたげられることはなかった。ときには徹夜して論文を書き、翌朝すぐに、ヴィドールの前でパイプオルガンをひくことさえあった。

一八九九年三月、完成した論文をもってシュトラースブルクに帰ったシュバイツァーは、ツィーグラー教授の前で朗読した。教授は大いに喜び、学位は七月末にあたえられた。

われらはみな亜流者にすぎないのか

シュバイツァーはシュトラースブルクにもどって学位論文を提出するとすぐ、哲学研究の目的でベルリンに向かい、一八九九年の夏をそこですごした。当時のベルリンは、まだ大きな地方都市を脱したばかりの状態であった。それだけに市民は、簡素な生活や気軽な交際を楽しんでおり、市全体に健全な自信のようなものがあふれていた。またベルリン大学はその精神生活の中核として、その威厳と伝統とを保持していた。

シュバイツァーはベルリンで、古代および近代の哲学の代表的著作を読むことを企てた。大学では、ハルナック教授の教義史や、ジンメル教授の講義をきいた。かれはハルナック教授の教義史を、すでにシュトラースブルクで研究していたので、とくに熱心に聴講した。

ベルリンでかれを失望させたのは、パイプオルガンひきの傾向であった。かれらはヴィドールが強調していた立体感のある演奏を考慮せずに、技巧的名手たることを自慢していた。それゆえ、パイプオルガンの音も、パリのノートルダム寺院のそれに比べると、ただ大きく響く無味乾燥なものであった。

シュバイツァーはヴィドールから紹介されたパイプオルガンひきのライマン教授を通じて、ベルリンの音楽家・画家・彫刻家などと知りあい、交際した。これら精神界の一流指導者との交際は、かれに多くの知識と刺激をあたえた。

また、かれはベルリンで、ギリシア語の学者の家でおこなわれる芸術家や科学者などの会合にも顔を出していた。ある晩のことだった。その日科学アカデミーの会議が他の場所でおこなわれ、それに参加した人びとが帰ってきて、他の人びととその会議について話しあっていた。しばらくのあいだ、談笑がつづいていた。そのうちとつぜん、だれかが、「われわれは結局亜流者にすぎないのではないか」と叫んだ。この言葉は、かたわらで他の人と談笑していたシュバイツァーの心を稲妻《いなずま》のひらめきのようにさした。なぜなら、その叫びは、かれが現代の文化について日ごろ憂慮《ゆうりょ》していたことを適切に表現していたからである。われわれは偉大な過去の文化をたんに模倣しているのであろうか。過去の文化の追随者《ついずいしゃ》・継承者にすぎないのであろうか。シュバイツァーは「そうだ、たんなる亜流者なのだ」とうなづき、その言葉に共鳴するとともに、現代の退廃《たいはい》した姿にいきどおりを感じるのだった。

かれは大学に入学したころから、人類は確実に進歩、発展しているという主張に疑惑を感じていた。かれには、現代は前代の輝かしい理想主義が衰退して、そのかわり、悪い意味での現実主義がはびこっている時代のように思われた。ちかごろ、人びとのあいだには、「人類の未来についてのいままでの理想は、あまりにも高すぎた。われわれはもっと現状にあわせて、理想を下げるべきだ」という言葉が、あたかも賢明な主張であるかのように、ささやかれはじめた。いまや、非人道的主張は憤《ふん》怒をもって拒否されることもなく、自分のぞくする民族の利益のためには他の民族に非人道的な行為をくわえることは当然のこととして黙認《もくにん》されるようになった。いたるところで、人格の神聖さと自由とが暴力によってふみにじられていた。シュバイツァーには理想の火はもえつき、人類全体に精神的疲労が強まっているように感ぜられた。人類は進歩しているのではなく、退歩しているのだ。現代の精神活動は前代におよばない。また、現代は偉大なる遺産さえ失っているのだ。

この晩いらい、シュバイツァーは現代の文化にたいして鋭い批判の目をそそぎはじめた。他の仕事をしながらも、「われわれは亜流者にすぎないのか」という本を書くことを考えるようになった。この晩の体験は、のちに書かれた『文化の退廃と再建』の最初の動機となった。

説教者としての活動

一八九九年の七月、シュバイツァーはシュトラースブルクに帰って、学位口述試験をうけた。この試験は論文とはちがって、教授たちをいくぶん失望させた。かれが原書ばかり読んでいて、解説書の比較研究をおろそかにしたためであった。しかし試験には合格し、この論文は『カントの宗教哲学』という表題で出版された。

ツィーグラー教授は学位をとったのを機会に、哲学科の無給講師になることをすすめた。しかし、シュバイツァーはそれを辞退して神学科への道を選んだ。なぜなら、かれは、日曜日ごとに教会に集まる人びとにたいして、人生の根本問題を話したいという強い内的要求をもっていたからであった。それに哲学の講師をしながら、同時に牧師として説教することを、人びとがこころよく思わないと考えたからである。

こうしてシュバイツァーは、学生としてではなく、神学科の研究生としてシュトラースブルクにとどまった。かれはさっそく、神学科の学位請求論文の作成にとりかかった。また、この年の暮れに、ニコライ教会の副牧師の職につくことができた。

聖ニコライ教会には、年老いてなお元気な二人の牧師がいた。シュバイツァーの仕事はこの両人を助けて、午後の礼拝、毎日曜日の児童の礼拝、堅信礼の準備教育を担当することであった。かれはこの仕事に絶えることのない喜びを感じた。ただ、説教には非常に気をくばり、二度も三度も下書きをして準備した。それでも、比較的多数の聴衆を前にすると、打ちとけて話すことができず、ときには、まったく予期しなかった方向に話が進んでしまうのであった。

だが、誠実さのこもったかれの説教は、しだいに人びとの注目を集めるようになった。ところが、午後の説教だけは、かれが簡単な祈禱《きとう》と考えていたせいもあって、いつも短い時間でおわってしまうのだった。それでとうとう信者会の人びとから、「午後の説教があまりにも短すぎる」という非難がなされた。老牧師はこの非難に困惑して、かれを呼びだし、非難する信者会の人びとになんと答えようかと相談をもちかけた。これにたいしてシュバイツァーは、「私はまだ、若輩の副牧師ですので、原稿の分がおわってしまうと話すことがなくなってしまうのです」と率直に答えた。牧師はその弁解をやさしく叱って、「二〇分よりは短い説教をしないように」と注意したのであった。

シュトラースブルクの教会
シュバイツァー博士が説教した聖ニコライ教会

さらに、シュバイツァーは一週間に三回、少年たちに堅信礼準備教育をすることになっていた。かれはできるだけ課題を少なくして、少年たちがこの時間に精神のやすらぎと明るい感情とをもつように指導した。この授業の最後の一〇分間には、いつもはじめに、かれが聖書の言葉や讃美歌を述べて、つぎに少年たちにそれをくりかえさせ、暗誦《あんしょう》するように試みた。この教育の指導方針は、少年たちが後年になってから、無宗教の誘惑に屈服《くっぷく》しないように、福音の真理をかれらの心にきざみつけておくことであった。さらに、教会にたいする愛や毎日曜日の厳粛《げんしゅく》な時間への精神的要求をよびおこすように指導した。また、「キリストの霊あるところ自由あり」というパウロの言葉を少年たちが信頼するように、身近な例をあげて、わかりやすく説明するのだった。

かれはこの宗教教育を通じて、自分にも学校教師の血が流れているのを感じた。それに、教会の両牧師はかれに学問と音楽を研究する時間をあたえてくれたので、堅信礼準備教育のない春と秋には、シュバイツァーは休暇をとることができた。かれは春休みをパリですごし、秋休みはギュンスバッハの故郷ですごしたのだった。

聖餐研究とイエス伝研究史

シュバイツァーは副牧師として説教者の仕事に従事するかたわら、大学に入学してまもなくいくつかの疑問をいだいたイエス伝の研究に、再びとりかかった。かれはイエス伝の問題を、神学の学位請求論文のテーマにしようとした。しかし、聖餐についての研究は、かれの視野を以前よりいっそう広くさせた。その結果、シュバイツァーは、イエス伝の問題をつぎのような観点から検討すべきだと気づいた。もし、われわれが聖餐の起因と意義を理解できないならば、それはイエスの思想と原始キリスト教の思想を完全に把握《はあく》していないからだ。逆にいえば、われわれは聖餐と洗礼の問題から研究をはじめなかったために、イエスの信仰についても、原始キリスト教の問題についても、その核心《かくしん》をとらえられなかったのだ。それゆえ、シュバイツァーは、聖餐史をイエス伝と原始キリスト教との関連において考察していく計画をたてた。

こうして、シュバイツァーは第一の研究として、いままでの聖餐研究にたいする自分の態度を規定して、問題点のあらましを明らかにしようとした。第二の研究として、イエスが十二使徒と祝った聖餐の意味を理解する前段階として、イエスの思想と活動とを明確に記述する。第三の研究として、原始キリスト教とキリスト教の初期二世紀における聖餐を具体的に研究しようと試みた。

この第一の研究は『一九世紀の科学的研究および歴史記録による聖餐問題』としてまとめられた。かれはこれによって、一九〇〇年七月、神学の学位をえた。ひきつづいて、一九〇二年には第二の研究、『メシア性の秘密と受難の秘義《ひぎ》』を完成した。この論文によって神学科の講師に任ぜられた。さらに第三の研究ももちろん完成し、講義では述べられたが、途中でイエス伝の研究をはじめたために印刷されずにおわった。

一九〇二年、シュバイツァーは「ヨハネ福音書のロゴスの教義について」という題目で、神学科の教授や学生を前に、就任講演をおこなった。こうしてかれは、わずか二七歳で神学部講師として講義をはじめた。シュバイツァーの就任にたいしては、かれの歴史的研究法に同意しない少数の人びとから、かれの見解は学生を困惑させるとの理由で反対意見が出された。しかし、ホルツマン教授の強い支持によって、反対論が消えたのであった。

シュバイツァーがイエス伝研究史に本格的にとりかかる動機となったのは、ある一学生との会話であった。この学生は、他の教授からイエス伝の講義はきいたが、そのさい、教授は従来のイエス伝の研究についてぜんぜん説明しなかったと告げた。これを聞いたシュバイツァーは、イエス伝研究史を研究することを決意し、ホルツマン教授の許可をえて、一九〇五年の夏学期から講義をはじめた。

かれはこの問題には非常に興味があったので、講義がおわった後も研究をつづけた。さらにつごうのよいことに、シュトラースブルク大学の図書館は、イエス伝関係の文献をほとんどそろえていた。それらの文献はおそらく、世界じゅうのどの図書館にもまさるほどのものであろう。

ところが、文献が多いので、それらを分類するのは大変な仕事だった。シュバイツァーは、集めた多くのイエス伝を分類するのに困惑し、ついにイエス伝を部屋のまん中に積みあげることにした。そして、各章ごとに場所を定め、本をそれぞれがぞくする章の場所に積みあげた。こうしてかれは一章を執筆するごとに、積みかさねられた本の山をすべて読破《どくは》しながら研究をすすめた。数か月のあいだ、部屋のなかに本が積みあげられ、そこを訪れた人は、そのあいだの細い路《みち》を通り抜けなければならなかった。これに悲鳴をあげたのは、整頓《せいとん》好きの家政婦で、かの女はこの本の山をかたづけるようにしばしば催促《さいそく》した。シュバイツァーにとっては、この家政婦に事情を説明し、納得させせるのは大仕事であった。

原始林の医者となる決心

二一歳の夏、ギュンスバッハで三〇歳までは学問と芸術の研究に専心し、それ以後は、環境が提示してくれる奉仕に従事しようと決意してから、年月はどんどんすぎていった。シュバイツァーは三〇歳に近づくにつれて、学問と芸術に専念するかたわら、つねに直接的な奉仕の道を捜しもとめていた。かれはその仕事が地味であっても、直接人間に働きかけるものであることを望んだ。

最初に考えたのは、もちろんヨーロッパでの仕事であった。かれは、はじめに捨てられた子どもたちを養い、教育したいと思った。それでかれは、神学校の寮長をしているとき、孤児救済を実施しようとして官舎の一部使用の許可を願い、さまざまな団体にも協力を申しでたが、すべてだめであった。シュトラースブルクの孤児院が焼けたとき、子どもを引きうけたいと申しでたのでさえ、孤児院の院長はそれを即座に拒絶したのだった。

つぎにかれは、浮浪者や監獄から出てきた囚人の世話をする計画をたてた。その準備として、はじめに聖トマス教会の牧師の事業にくわわり、仕事を手伝った。シュバイツァーは毎日扶助や宿泊所をもとめる人びとと面会し、その日の午後、扶助を望んだ者の家や宿を訪問して、その状況を調べ、必要な金額を一定期間だけあたえて歩いた。そのためかれはしばしば自転車でかけずりまわった。当時、一部の人びとは牧師が自転車にのることを非難したが、かれはそれを気にしなかった。ときには、こういう仕事のうちに、貴重な研究の時間が失われることもあった。そんなとき、シュバイツァーは、ゲーテがある寒い日、精神的な助言をもとめる一青年を訪れるために、すべての仕事を犠牲《ぎせい》にして遠い町まで出かけたというエピソードを思いだし、みずからを慰めるのだった。

シュバイツァーは、学生時代すでに、「トマス扶助会」の一員として働いていた。それは、毎週貧しい家を訪れて必要な補助金をあたえ、その状況を本部に報告する仕事だった。ここでは年に二度、寄付金を集めるために家々をまわって歩かなければならなかった。この仕事は、元来はにかみ屋で社交のへたなシュバイツァーにとって、非常に苦痛であった。しかし、後年になって病院の寄付金を集めなければならなくなったとき、ここでの経験が役だつことになったのである。

かれはこれらの慈善事業に参加して、これらの事業が真にその効果を発揮するのは、多くの献身的な個人がその団体に参加し働いているばあいだけであることを知った。ここから、シュバイツァーとしては、直接的に奉仕する道は、できるならば個人的にできる仕事であることを、切望するようになった。

シュバイツァーが学問と音楽に専念し、そのかたわら、直接奉仕する道をもとめているうちに、九年間の月日はたちまちすぎさった。あと数か月で三〇歳の誕生日が訪れようとしていた。ある朝かれは、聖トマス寄宿寮の自分の机の上に、緑色のパンフレットが置いてあるのに気づいた。それは、毎日とどけられるパリの伝道協会の報告書であった。シュバイツァーがそのときなんとなくそのパンフレットをめくってみると、ふとかれの目は、「コンゴ地方の宣教師に欠乏せるもの」という表題の文にひきつけられた。

この報告文はパリ伝道協会の会長が書いたもので、そのなかにはアフリカの黒人の悲惨な生活が述べられていた。ガボン地方における宣教師の不足をうったえ、最後に、「人びとよ、教会はもとめている。主の目くばせにしたがってただちに、主よ、わたしがまいります、と答える人を」と結ばれてあった。

シュバイツァーはこの文章を読みおえると、静かにパンフレットを机の上に置き、やりかけの仕事に再びとりかかった。このとき、かれは、アフリカで黒人の救済に身をささげる決意をしたのである。長い間の模《も》索《さく》はおわった。いまや、かれには、直接的な奉仕がどんな仕事であるかがわかった。原始林の医者となる決心は、特別の興奮を伴うことなく、一瞬のうちになされたのであった。

非難と嘲笑《ちょうしょう》のなかで

一九〇五年一月一四日、シュバイツァーは三〇歳の誕生日をむかえた。かれは人類にたいする直接奉仕の計画を、アフリカの赤道地方で実現しようと決心していた。しかも宣教師としてではなく、医師として奉仕する覚悟であった。

この年の秋、かれはパリで何通かの手紙をポストに投げこんだ。それは、家族と親しい友人たちに、アフリカへ行く決意を告げたものであった。この手紙は故郷のギュンスバッハでも、パリでも、大きな反響をひきおこした。親戚や友人は、こぞってかれの計画に反対した。かれらは、その計画の愚《おろ》かさとまえもって打ち明けて相談しなかったことで、非難したのである。それから数週間、シュバイツァーとそれらの人びとのあいだに激しいいいあらそいがつづけられた。かれをわが子のようにかわいがり、パイプオルガンを教えてきたヴィドールは、「おまえが音楽をやめてアフリカへ行くなんて無茶だ。そんなことは猟銃をかついで最前線に出かけていく将軍のようじゃないか」といって、どうにかして決意をひるがえそうとした。ある友人は「あいつは勉強をしすぎて、頭がおかしくなったのだ」と冷笑し、また他の者は「あいつは狂信家だ」といって嘲笑《ちょうしょう》した。

シュバイツァーにとって、とくに意外だったのは、イエスの教えを説く神学関係の友人が、「非常識だ!!」「あまりにも傲慢《ごうまん》だ!!」と強く反対したことであった。かれらは、イエスの教えにしたがって奉仕の道へ進もうとするかれの決意を、ぜんぜん理解してくれなかった。それでもシュバイツァーは、少しでも理解してもらおうと、決意するまでの経過をていねいに説明してみた。しかし、だめだった。かれらは、かれの決意の背後には何か別の理由があるにちがいないと邪推《じゃすい》した。かれらはひどいばあいには、「失恋でもしたのでアフリカへ行く気になったのだろう」と、ささやくのであった。

シュバイツァーはこのような非難と嘲笑のなかで、ますます決意を強くした。ただ、わずかにかれを慰めたのは、両親が比較的早くから理解する態度をみせ、協力してくれたことであった。もちろん、両親も最初は驚き、かれが途方《とほう》もない冒険をはじめることに反対した。しかし、息子の堅い決意を知ると、かれを信じて、積極的に援助してくれるのだった。

シュバイツァーが医師としてアフリカに行くという決意にたいして、友人たちがもっとも奇妙に思ったことは、なぜ宣教師としてではなく、医師として行くのかということであった。かれらは、神学博士であり、副牧師であるかれが宣教師で行くことには納得できたが、医師として行くことには同意できなかったのである。

　ところで、シュバイツァーは、長い熟慮《じゆくりよ》のすえ、つぎの二つの理由から医師として黒人に奉仕するという決意をしたのだった。一つは、医者であれば黙って働くことができるからである。かれはいままで教師として、説教者として話すことを職業としてきた。しかし、三〇歳をすぎてから、人類に直接奉仕するさいには、愛の説教ではなく、愛の実践に専心したいと思った。伝道協会の報告では、アフリカの赤道地方では医師が不足しており、宣教師でも医学の知識を習得する必要性が強調されていた。それでシュバイツァーは医学を学び、医師として愛の実践に従事することを決意したのだ。もちろん、かれにとって医学の知識を習得するのは、大変なことに思われた。しかし、将来、病気に苦しむ黒人を救うことができれば、その困難と闘《たたか》うことも大切だと考えたのであった。

　第二の理由は、宣教師としてではパリの伝道協会から許可されないと予想したからであった。かれの父は、パリの伝道協会は他の宗教団体に比べて自由だから、許可は簡単におりると考えていた。しかし、シュバイツァーの予想が正しかった。かれがパリの伝道協会の実行委員会にアフリカへの奉仕を申しでたとき、やはり、委員会では正しいキリスト教信者として認められるかどうかが問題になった。シュバイツァーはその伝道協会の会長に、「ただたんなる医師として行きたいのです」と断言して、ようやくその心配を解消したのであった。

　このように、医師としてアフリカで黒人の救済に従事したいという決意は、多くの非難と嘲笑をまきおこした。なかには、聞くにたえない悪口もあった。しかし、シュバイツァーは、それらの非難や嘲笑に反抗しなかった。むしろ、それらの言葉を当然のこととして謙虚《けんきょ》にうけとり、自分の理想を確信して、もくもくと医師としての道に向かったのである。

医学生のひとりとして

シュバイツァーは一九〇五年一〇月、再び学生となって解剖学の講義を聴講した。かれが、医学部の講義を一学生として聞きたいと許可をもとめたとき、医学部の学部長は腹をたて、かれを精神科の方へ引き渡したいようすであった。しかし、学校当局は厚意を示し、大学教授は学生として入籍できないという法律的問題をうまく処理してくれた。それは、医学部の教授の聴講証明書にもとづいて、資格試験を許可するという方法だった。それに教授たちもかれが同僚であるからといって、講義を報酬なしで聴講させてくれた。

こうしてシュバイツァーは、解剖学・生理学・化学・動物学などを学びはじめた。かたわら、神学部の講師と説教者としての役目をはたしつづけた。毎日は多忙のうちにすぎた。とくにはじめは、医学の講義を理解するのは困難であった。その後の数年間、疲労とはてしない闘《たたか》いがつづいた。かれが頑健な身体と強固な意志をもっていなかったならば、神学の講義、毎日曜の説教、パイプオルガンの練習、医学の勉強、『イエス伝研究史』の執筆などにたえることは、到底《とうてい》できなかったであろう。

この年（一九〇五年）、パリではバッハ協会が設立された。この会長は、協会の演奏会でパイプオルガンをシュバイツァーがうけもつように提案した。それで、かれはパイプオルガンの専任になった。そのため、数年間、冬になると数回、パリとシュトラースブルクを往復しなければならなかった。この頃になると、演奏する回数も多くなり、しだいに有名になった。多忙なかれにとって、パリへの旅は苦しかったが、また、親しい友人に会えるという楽しみもあった。

翌年（一九〇六年）の春、前から辞表を出していた神学校寄宿舎の舎監をやめることが認められた。そのため学生時代から住んでいた寮を、出ることになった。長い年月住みなれた部屋と別れることは、つらかった。だが、幸いにも聖トマス教会の牧師会館に住むことを許されたので、いままでと同じ教会のもとで暮らすことができた。この頃、長年の課題であった『イエス伝研究史』が完成した。

こうして、いまやシュバイツァーは、ひたすら自然科学の勉強にはげみはじめた。かれは中学生のとき興味をもった自然科学に本格的にとりくんだ。自然科学に没頭するにしたがって、かれは哲学や神学などの人文科学との根本的相違を感ずるようになった。人文科学にはある主張が正しいことを示す決定的なものはなかったが、自然科学は明確に決定できる事実だけを取り扱っていた。シュバイツァーは化学・動物学などの自然科学に親しみをおぼえた。しかし、だからといって、自然科学者のなかにみられるように、人文科学を軽蔑する気にはなれなかった。かれは自然科学の研究に専心することによって、いままでより以上に、人文科学における創造《そうぞう》的・精神的な活動の重要性を認識していった。

シュバイツァーは三四歳のとき、解剖・生理・自然科学などの基礎学科を受験した。いかに学科に興味があるにしても、三四歳のかれには知識を獲得する記憶力がおとろえていた。それに自然科学を学問として研究していたので、試験に合格する自信はなかった。それで、かれは同級の学生の忠告にしたがって、「試験問題研究会」にはいった。この試験勉強は疲労がかさなっていたせいもあって、苦痛の連続であった。しかし試験は予想以上の成績で通過することができた。

一九一一年一〇月に、かれは医学の国家試験をうけた。このときの受験料は、前月にミュンヘンの音楽祭でパイプオルガンをひき手に入れた金であった。この年の一二月には、外科の最後の試験をうけた。かれは試験がおわったあと、病院を出て町のなかを歩きながら、医学科の過程がおわったことを夢ではないかと疑っていた。いっしょに歩いていた外科の教授が、「君は健康だから、これほどの仕事をやることができたのだ」といったときも、その言葉がどこか遠いところから聞こえてくるように思われるのであった。

よき伴侶をえて

シュバイツァーが医学部の学生となってから、毎日の生活は疲労とのたえざる闘いであった。かれは周囲の人びとの好奇心と嘲笑のなかで、アフリカで医師として活躍できる日のくることを信じながら、医学の勉強や大学での講義に励んだ。しかしときには、ひどい過労のために絶望的な気持ちになることもあった。そんなとき、かれは一人の親しい女性と話しあったり、かの女と教会にでかけてはオルガンをひいて苦労を忘れた。その女性は著名な歴史家の娘、ヘレーネ＝ブレスラウであった。かの女は疲労しきったシュバイツァーを慰め、励まし、かれの精神に希望と新鮮さをとりもどさせるのであった。二人が知りあったのは、シュトラースブルクの若い人びとのサークルだった。若者たちはそこで、政治や人生についての議論をしたり、あるいは自転車に乗って郊外に出かけ、楽しい一日をすごしていた。そんなある日、みんなが雑談をかわしているとき、ブレスラウ嬢が、「あなたが説教のさい、フランス語のいいまわしをするのは不思議です」といった。かの女は、シュバイツァーのいいまわしはエルザスでは日常語として認められるが、文章や演説のときは使うべきでないと忠告したのである。かれはこの率直な忠告を喜び、これを機会に原稿の校閲《こうえつ》などを頼むようになった。それいらい二人は、親しい友人として、さまざまなことについて話しあった。そのうち、かれは、二人の人生観が奇妙にも一致しているのを発見して驚いた。ブレスラウ嬢は二五歳以後は他の不幸な人びとに奉仕することを考え、すでに準備として教師の免許をとり、看護婦養成所に通っていたのであった。二人は、人生観の一致を知ってから急速に親しくなった。シュバイツァーがアフリカへ行く決心をしたときも、かの女だけは暗黙《あんもく》のうちにそれを理解し、将来二人が行動をともにするだろうことを感じていた。

一九一二年六月一八日、シュバイツァーが三七歳の春、しかもアフリカへの出発の準備がはじまろうとしていたとき、二人は結婚式をあげた。夫人は結婚前から助手として、かれの原稿の整理や校正を手伝っていた。これ以後、二人は理想の実現をめざして、苦難をともにしたのである。

アフリカ出発への準備　一九一二年、シュバイツァーは病院で実習をしながら、医学の学位論文にとりかかった。それと同時に、アフリカへ出発する準備をすすめた。この春、かれは大学講師および聖ニコライ教会の牧師の職を辞任した。教会での最後の説教の題目は、ピリピ書の、「そうすれば、人知ではとうていはかり知ることのできない神の平安が、あなたがたの心と思いとを、イエス＝キリストにあって守るであろう」というパウロの言葉であった。大学と牧師をやめるのはつらかった。まるで身体が引き裂かれるような気持ちであった。しかし、それは、新しい人生の出発のためにあきらめなければならなかった。だが、長いあいだなれ親しんできた職場は、なかなかあきらめきれなかった。かれは辞任後、大学や聖ニコライ教会のそばをできるだけ避けて通るようにした。再び帰ることのない場所を見るのは、つらかったからである。

まもなくシュバイツァーは熱帯医学を学び、アフリカでの必需品を購入するために、パリに向かい、しばらくのあいだそこですごした。医療器具・薬品・包帯、病院の建築材料などをととのえようと、一日中、夫人と商店を歩きまわった。はじめは、こうした雑務にかかずらうことが面倒くさく、くだらないことのように思われた。しかし、しだいに、材料を集めととのえる仕事も決して価値のない仕事ではないと、感ずるようになった。

アフリカ出発の準備としてもっとも大切でかつ困難な仕事は、寄付金集めであった。シュバイツァーは、パリの伝道協会に資金の援助をうけずに、独立して病院を経営したかった。そのため、最低、病院を一年間経営できる資金を集めなければならなかった。まず友人たちを訪問した。はじめはこころよくむかえてくれた友人も、寄付の話をもちだすと、がらりと態度をかえてしまうこともあった。が、たいていの友人は、夢のような計画に寄付する気はないといいながらも、ほかならぬかれのことだからと、寄付してくれた。シュトラースブルク大学のドイツ人教授たちは、この事業がフランスの植民地に設けられることを知りながら、多額の寄付をしてかれを感動させた。また、大学での同級生や教え子の牧師たちも、積極的に応援してくれた。とくにパリのバッハ協会は、この事業後援の演奏会を催して、多額の資金を援助してくれた。

こうしてシュバイツァーは、人びとの善意と愛とによって、病院を一年以上維持できる資金を集めることができた。さらに資金が不足した場合には、金持ちの友人たちが援助してくれるという約束まで、うることができたのである。これで必需品の調達、病院の維持費などの経済問題は、解決した。

シュバイツァーはパリの伝道協会に、再び、ランバレネで医師として活動したいと申しでた。新任の敬虔《けいけん》な伝道協会の会長は、切望されていた医師を派遣できることを喜び、委員会にただちに認可するように要請した。だが、数人の狂信的信者がまたも強硬《きょうこう》に反対した。かれらは、シュバイツァーが、その博学でもって現地の宣教師の信仰を動揺させるのではないかと、考えたのである。委員会は紛糾《ふんきゅう》した。最後にようやく、かれを委員会に出席させて、信仰の試験をすることで意見が一致した。シュバイツァーはこの決定を聞くと、ふんぜんとして出席を拒否した。かれは、イエスの言葉「我らにさからわぬ者は我らにつく者なり」にしたがえば、黒人の救済を申しでた者がたとえ回教徒であっても、伝道協会は拒否すべきではないと信じた。ついには、伝道協会の会長のとりなしで、両者の妥協が成立したのである。シュバイツァーが委員の家を私的に訪問して、かれが宣教師や黒人を堕落《だらく》させる危険のないことを説明することになった。幾人かの反対者には、医者として働く以外、他のことにはいっさい口出しをしないと約束しなければならなかった。かれはアフリカ出発への準備であれこれと忙しい時間を犠牲にして、個別的に委員の家を訪れ、ようやく許可をうることができた。しかし、それでも強硬な反対者の一人は、その認可に反対して、脱会したのだった。

いまや困難な仕事と思われた経済問題やいくつかの障害ものぞかれて、準備はととのった。七〇箱の荷物はボルドーへ発送された。ところがそのころ、ドイツでもフランスでも金が流通しなくなり、紙幣がこれにかわりはじめていた。また、友人の間でも戦争の危険がつぶやかれるようになった。戦争の徴候《ちようこう》が現われはじめたのだ。シュバイツァーは戦争勃発《ぼつぱつ》のときを心配して、二千マルクを金でアフリカへもっていくことにした。いよいよ残されたのは、アフリカへ出発することだけとなった。

アフリカへの旅

一九一三年三月二四日、ギュンスバッハ村では聖金曜日の礼拝を告げる鐘が鳴り響いていた。それからまもなく、シュバイツァーは夫人とともに列車のデッキにたって、なつかしい思い出の多い故郷に別れを告げていた。翌日、シュトラースブルクの大聖堂が遠いかなたに消え去ったとき、二人はすでに異国にいるようなせつない淋しさを感じた。

三月二六日、この日は復活祭の日曜日であった。かれと夫人は、パリで、もう一度恩師であり、友でもあるヴィドールのすばらしい演奏を聞いた。午後二時、ボルドー行きの汽車に乗りこんだ。春風が復活祭の鐘の音を車窓まで運んできた。外には、晴れ着姿の人びとがいたるところにみられた。それは美しく忘れがた

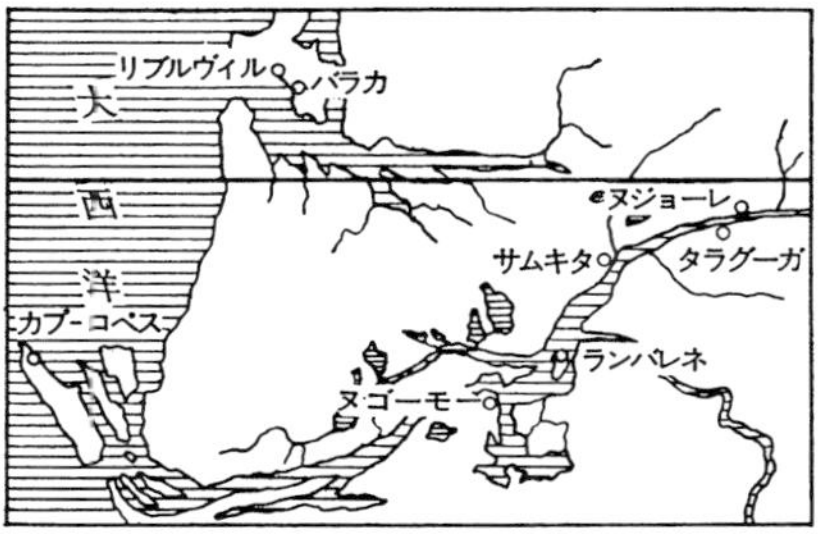

ランバレネ周辺

い復活祭の情景であった。

コンゴ行きの汽船は、ボルドーからではなく、ボニャックから出航する。三月二七日、二人は自動車でボルドーの海岸停車場につき、すぐにボニャック行きの列車に乗車してさらに一時間半、埠頭《ふとう》に到着した。荷役人夫と乗客で混雑するなかを「ヨーロッパ号」に乗船し、三週間のあいだ起居する船室に案内された。翌日の午後、船はゆっくりと川を下り、夕方には大洋にでた。アフリカへの旅がはじまったのだ。出航して二日目にははやくも暴風に見舞われた。船は大波のため大きく横にゆれ、船室や食堂では立っていることができなくなった。シュバイツァーははじめての船旅のために、二つの持ち込みトランクを綱で結ぶのをうっかり忘れていた。夜になるとトランクがころがりはじめ、かれはあやうく片足を壁とトランクでつぶすところであった。暴風は三日間つづいた。四月一三日にリブルヴィルに到着。ここでかれはアメリカ人宣教師の出迎えをうけた。翌日の朝「ヨーロッパ号」を下船した。

四月一五日の朝、シュバイツァーと夫人は川蒸気船「アレム、ベ号」に乗船。午前九時、船はあこがれのオゴーウェ川をさかのぼりはじめた。かれは『水と原始林のあいだに』のなかで、その第一印象をつぎのように書いている。

オゴーウェ川

「河水と原始林！　だれがこの印象をありのままに描くことができよう。われわれは夢をみているような気持ちであった。かつてどこかで空想の絵画としてみえた太古の風景が、いまや目のまえにある。川がどこでおわり、陸地がどこではじまっているのか見分けることができない。巨大な木の根がかさなって蔓生《まんせい》植物をつけながら川のなかにもぐりこんでいる。大小の椰子《やし》の木々、そびえ立っている松科の樹木、人の背ほどもあるパピルスの広漠なる原野……こんなふうにして時間がすぎていくが、周囲の景色は少しも変わらない。新しい曲がり角にくるたびに、これが最後のようにみえる。いつまでたっても同じ森、同じ黄色い水、この自然のあたえる単調さがいよいよ自然の威力を無限に深める。一時間目をとじてまたひらくと、まえと全く同じものがみえるだけである。」

四月一五日午前五時、入り江に休止していた船が、再び動きはじめた。まもなく遠方に一つの丘が現われた。その丘の上には赤い屋根がみえた。ヌゴーモーの伝道所であった。ここで船が燃料を積んでいるあいだ、シュバイツァー夫妻は伝道所と付属の製材所を見学することができた。

それから五時間ほど船が進んだとき、遠方に待望のランバレネの丘がみえはじめた。船は汽笛をならして住民に到着を知らせた。早く汽笛をならして知らせないと住民がカヌーで荷物を取りにくるのがまにあわないからである。船が船着場についたとき、まだ出迎えの者はきていなかった。伝道所から船着場まで三〇分もかかるのである。とつぜん、少年たちのこぐカヌーが船に近づいてきた。そのあとから、もう一隻カヌーがやってくる。宣教師が学校の生徒をつれて迎えにきたのだ。

荷物をカヌーに移してから三〇分ほど川をさかのぼった。夕日をあびた丘の上に白い建物がみえた。それがランバレネの伝道所であった。生徒たちは、拍子をはずさないように歌をうたいながら、カヌーをこぐ。入り江が眼前に迫ったとき、歌声はいっそう高くなった。

そこには、多くの人たちが到着を待っていた。シュバイツァー夫妻は、宣教師の夫人、女教員などと握手したのち、たくさんの黒い手と握手しなければならなかった。丘を登って新しい家についた。家のなかには生徒たちが、花を飾ってくれていた。家からの眺めはすばらしかった。夫妻は、無事に目的地ランバレネに到着したのだ。

直接奉仕の道

鶏小屋の診療室で

ランバレネでは、医療をはじめる建物が、まだ建っていなかった。木材の取り引きがさかんだったので、黒人の労働力がえられなかったのである。オゴーウェ地方では木材の取り引きがはじまると、黒人たちは報酬の高い木材の運搬にでかけてしまい、宣教師のもとで働かなくなるのだった。シュバイツァーは、診療する場所がないのには困惑した。しかも伝道所が、「当分のあいだドクトルは急病人しか診療しない」と連絡したのに、さいしょの日から病人がやってきた。かれはやむをえず、戸外で治療した。だがそれは危険な仕事であった。外では激しい日射を避けることができないし、夕方規則的にやってくる雷雨がはじまると、大急ぎで治療を中止しなければならなかった。シュバイツァーは、はじめ、自分の部屋を診療室にしようかと思った。しかし、そうすれば病気が伝染する危険があった。診療室をどこにするかは大問題であった。かれはあれこれと頭をひねったのち、前住者の宣教師が鶏小屋にしていた場所を、診療所にすることに決めた。その小屋は屋根がいたんでいたが、それでもヘルメットをかぶっていれば、日ざしと雨を避けることができた。鶏小屋の壁に棚をつけ、寝台を一つ運び入れた。こうして鶏小屋は改造された。

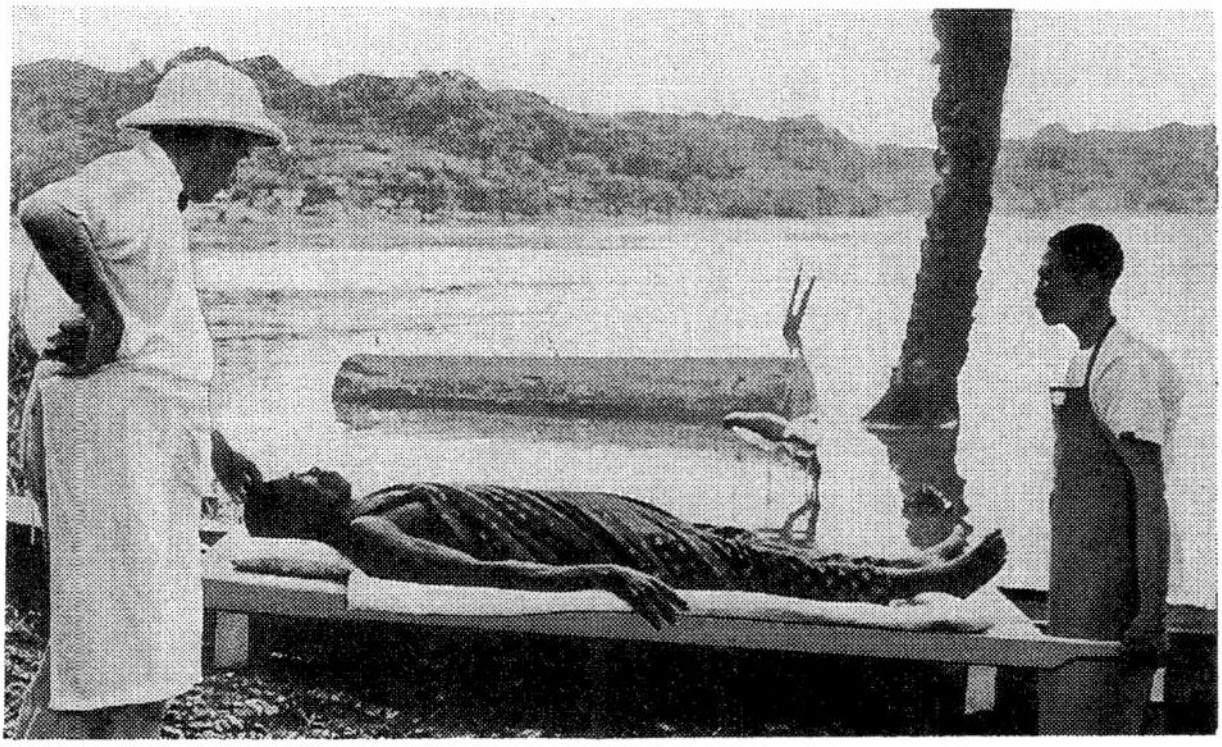

患者の到着

ところが、まだ一つ困ったことがあった。前から通訳として契約していた黒人が、来ないことであった。そのうち、シュバイツァーは、患者のなかに、フランス語の上手《じょうず》な黒人をみつけた。名まえはヨーゼフといい、かつてコックをしていた者である。シュバイツァーは、ヨーゼフをコック兼通訳・助手として雇うことにした。この男は、コックの時よりも給料が少ないのによく働いた。器用な男で、解剖などのさいには、料理の言葉を用いて上手に説明してくれた。たとえば、「この女は、左上のカツレツ肉とヒレ肉が痛いといっている」というように。

こうして、診療の準備は不十分であったけれど、だんだんととととのった。シュバイツァーは、病院の日課と規則を定めた。毎朝助手が、順番を待っている患者に、つぎのような規則を読みあげた。

一、つばをはかないこと。
二、順番を待っているあいだ、大声で話さないこと。
三、患者と付添人《つきそい》は一日分の食料をもってくること。
四、ドクトルの許可なしに伝道所にはいらないこと。

五、薬を入れたガラスびんやブリキかんはかならずかえすこと。
六、毎月中旬には急病人だけくること。
この第六番目の規則は、中旬になると郵便船が到着するので、薬の注文などの手紙を書くのに忙しいため、決められたものである。

助手は毎朝、この規則を、ガロア語とパウアン語で大声で読みあげるのであった。これがおわると、診療がはじまった。シュバイツァーは一二時半に食事をして、再び五時半ごろまで患者の治療をした。夜は蚊《か》が多く、さされると熱病の危険があるので、治療はできなかった。夫人も家政のかたわら、看護婦として医療器具を管理したり、外科手術の準備、包帯の指図《さしず》などをした。また、手術のさいにも麻酔をうけもった。

シュバイツァーは患者の治療を通して、当地の黒人にはマラリア・癩《らい》・嗜眠《しみん》病・赤痢《せきり》・侵食潰瘍《しんしょくかいよう》などが多いことを知った。おもに手術した病気は脱腸と象皮病腫脹《ぞうひびょうしゅちょう》であった。かれは数週間もたたないあいだに、黒人のなかには予想以上に病人が多いことに気づいた。

かれにとって、治療は困難な仕事であったが、それに伴う心配と責任のほうがもっと苦しかった。ただ幸いにも、黒人たちは医師を非常に信頼していた。それはかつて政府が派遣していた医師が、すばらしい手術をして黒人を救っていたからであった。

また、シュバイツァーは治療にたいして、黒人ができるだけ行為で感謝の意をあらわすように要求した。かれは、病院がヨーロッパの多数の人びとの善意によって経営されている以上、黒人にも病院の維持に協力する義務があると考えたのである。まもなく黒人たちは、薬代として金銭・バナナ・鶏・たまごなどをもってくるようになった。もちろんこれらは、病院の経営費となるには少なすぎたが、病院の維持に役だった。ただし、シュバイツァーは、貧しい人と老人からは報酬をとらなかった。

原始林のなかでバッハをひく

ランバレネでのさいしょの一年間は、仕事の連続であった。シュバイツァーは、まもなく病院の予定地が不適当であることに気づき、もっとよい場所を選ぶことに決めた。かれはその許可をうけるために、カヌーで五〇キロ上流の伝道所まで行かなければならなかった。そこでは、宣教師の会議がおこなわれていた。かれもその会議に参加して、久しぶりに楽しいひとときをすごすことができた。新しい土地に病院を建てることも認められ、さらに建築費の援助として、四千フランの現金さえもらうことができた。

シュバイツァーはランバレネにもどるとすぐ、病院建設にとりかかった。まず波形トタンぶきのバラックと、付属の建物を建てることにした。五、六人の労働者を雇って仕事をはじめた。ところが、これら黒人たちの怠惰《たいだ》はひどかった。かれは立腹して、かれらを解雇した。そしてある材木商の使用人を借りて仕事にかかった。これらの人夫でさえ、シュバイツァーがみていないと仕事をしなかった。数か月後、ようやく建物が完成した。そのなかには診察室・手術室・消毒室・薬局がそれぞれ一つずつあった。床はコンクリート、屋根は薄い板でささえられた棕櫚《しゅろ》の葉でできた建物だった。

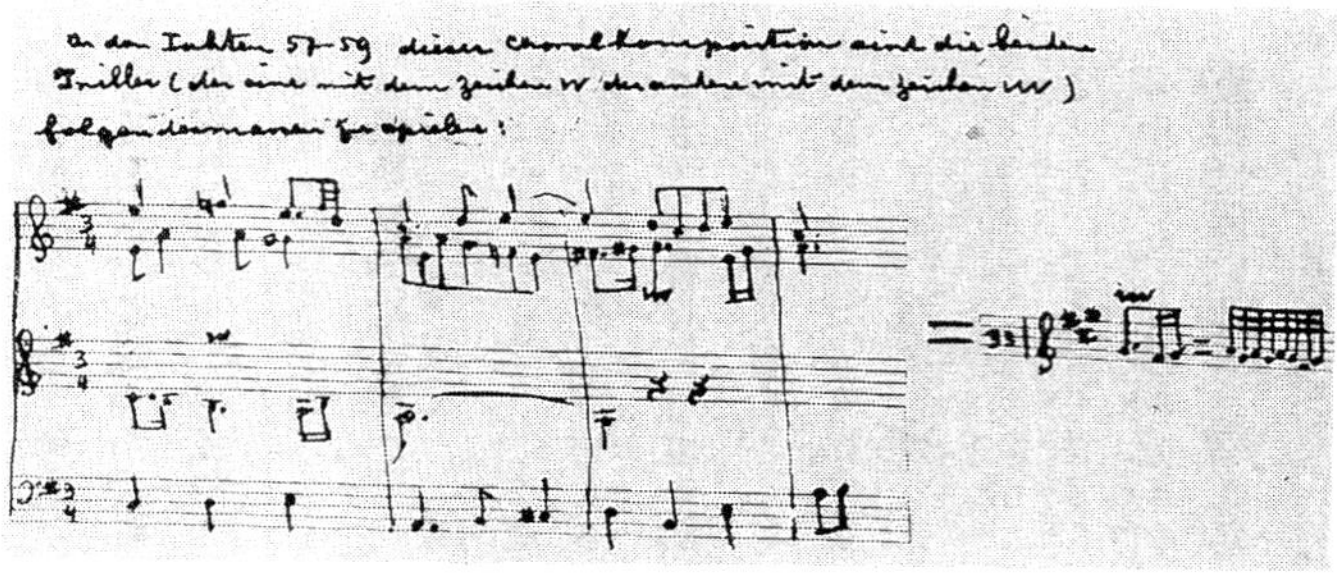

シュバイツァーの楽譜

この病院が完成してから、シュバイツァーは、毎日三〇人から四〇人の患者を診察した。かれはこの地方における唯一の医師であったので、患者は夜も昼も、家族などに付き添われてやってきた。かれは多くの病人に治療をしながら、ふと医師としてこの地にきたことに深い喜びを感じるのだった。だが、シュバイツァーには他の仕事があった。病院経営者として全部の人びとの食料に気をくばり、建物を建てるときには監督をしなければならなかった。毎日が緊張つづきの生活であった。こうした生活は、しだいにかれの神経を過敏にした。ときどき激しい怒りがかれをおそうようになった。

まもなく、シュバイツァーは、疲れきっていらいらしているとき、音楽が精神の平衡をとりもどさせてくれることを知った。パリのバッハ協会が、長年パイプオルガニストとしてつとめたかれにたいして、立派なピアノをおくってくれた。それは特別熱帯用に製作されたもので、オルガン用のペダルがついていた。しかしアフリカにきた当時は、ただ無意識に指を鍵のうえに走らせているだけだった。「もう芸術家としての生涯はおわったのだ。早く指と足とをにぶくしたほうがあきらめがつくだろう」とさえ思った。それで、いつもピアノをひきながらも、過去のはなやかな舞台などをぼんやりと思い出していたのである。

だが、ある晩のことであった。シュバイツァーは仕事に疲れ郷愁《きょうしゅう》に悩んでいた。かれは気持ちの乱れを静めようと、バッハのフーガ曲をひいた。そのときとつぜん、かれの頭につぎのような考えがひらめいた。

「アフリカでのわずかな暇こそ、演奏の腕をみがき、偉大なオルガン曲を理解する絶好の機会ではないか。」

それいらい、シュバイツァーは、計画をたてて愛好する音楽家の作品を研究しはじめた。バッハ・メンデルスゾーン・ヴィドールなどの作品をつぎつぎに研究し、練習したのである。かれは、一曲の研究に何か月かけてもかまわない、と決意して、仕事の合い間にみつけるわずかな時間を練習に没頭した。すると不思議なことに、以前には気づかなかった点まで、バッハらの作品を理解できるようになった。雄大なバッハの音楽が、毎晩原始林のなかに響きわたるようになった。

同じころ、オゴーウェ地方の宣教師会議は、かれに説教することを許可した。このことはシュバイツァーにとって、たいへんすばらしいことだった。ここでは神学上の解釈など、問題にならなかったのだ。たいせつなことは、黒人たちを、イエスの教えによって不安と恐怖から救うことだった。かれは黒人たちに説教することに、大きな喜びを感じた。

第一次世界大戦はじまる

一九一四年七月、シュバイツァーは膿瘍《のうよう》にかかり、それを切開してもらうために、仕事を休んでカプーロ・ペスへ行かなければならなかった。幸い、膿瘍は悪化せず、切開をしないですんだ。かれはそこで、夫人とともに、大西洋に向かいあったヴェランダで安楽椅子にすわって、久しぶりに休日の気分を味わった。膿瘍がよくなると、すぐにランバレネに帰った。

一九一四年八月五日、シュバイツァーがアフリカに来るまえから憂慮《ゆうりょ》していた戦争が、ついに勃発した。戦争の波はその日のうちにかれを拘束した。夫妻は、フランスの植民地に住むドイツ人として、捕虜にされたのである。その晩、かれらは伝道本部に閉じこめられ、「つぎの命令があるまでは外部の人といっさい連絡をしてはいけない」と申し渡された。そして監視役の黒人兵士に服従するように、命令された。

シュバイツァーはすぐに病院がどうなるか、患者をどうするか、を考えた。せめて治療だけは認めるように頼んでみたが、植民地の役人は、指令にはそむけないの一点ばりで許してくれなかった。

かれはヨーロッパで戦争に傷つき、苦しんでいる人びとのことを心配した。それにギュンスバッハの両親、シュトラースブルクのホルツマン教授や同僚たちの身を案じて、胸をいためた。

医師としての活動を禁じられたので、本を読んだり、著作に専念する暇ができた。かれは以前には暇になったらパウロの神秘主義について研究し、まとめてみたいと考えていた。しかし、いまや予定を変更して、数年来の課題であった現代文化の問題を考察することにした。戦争の勃発が、文化哲学への関心を強めたのである。捕虜になった翌日から、かれは文化哲学の仕事にとりかかった。

この年の一一月末、夫妻は拘禁をとかれた。これはパリでヴィドールが、当局にたいして、「シュバイツァーは決してフランスの国に脅威をあたえる人間ではない」と説明して、運動したおかげであった。同じころ、ランバレネでは、白人も黒人も唯一の医師を奪われて困りきっていた。そんなわけで、この地方の司令官も拘禁をとかざるをえなかった。

再び、病院での一日がはじまった。かれは毎朝病院に向かうとき、戦争で多くの人間が苦痛と死に直面しているのに、自分が黒人の苦しみを救っているのを神の恩寵《おんちょう》のように感じた。しかし戦争の影響は、遠いアフリカにも少しずつあらわれてきた。材木の取り引きがなくなり、煙草の値段はあがってきた。フランスは人足が必要となり、黒人たちを人足隊としてつれていくようになった。

ある老いた黒人は、召集のため帰国した白人が一〇人も死んだことを知って、「もう一〇人も戦死したって？　なぜ部族が集まって相談しないのか。一〇人の代償を払うのは大変なことではないか」と叫んだ。黒人は、勝ったほうも負けたほうも戦死者に代償を払う慣習をもっている。また、かれらは、愛の福音を説き、死体を食べない人間がなぜ戦争をするのか、理解できなかった。シュバイツァーも、黒人に「なぜ白人は戦争するのか」と問われると、答えられなかった。

ヨーロッパで死と破壊がくりかえされているうちに、この年もすぎようとしていた。戦時下のクリスマスがやってきた。シュバイツァー夫妻は、小さな棕櫚《しゅろ》の木をツリーにしてクリスマスを祝った。かれはロウソクが半分ほどもえたとき、それをふき消した。「なにをするんです」と夫人はけげんそうなようすでたずねた。「来年の分を残しておかなければいけない。」「来年のためですって？」夫人は信じられないといったようすで首をふった。夫妻は不安なまなざしで残ったロウソクを眺めるのだった。

このころ、食料が不足してきた。象の大群がバナナ園を荒らしまわり、病院でもバナナなどが欠乏するようになった。シュバイツァー夫妻も生きるために猿の肉を食べなければならなかった。だが、かれは、嫌悪せずにそれを食べることができなかった。

「生命への畏敬」に気づく

一九一五年の夏、シュバイツァーは夜の静寂さのなかで、文化哲学の研究をしていた。ふとかれは夢から覚めた気分のなかで、つぎのような疑問を感じた。なぜ私は文化の批判にだけ専心するのか。なぜ亜流者の分析で満足しているのか。なぜ文化を建てなおそうとしないのか。かれはこの夜から、『われら亜流者』という本ではなく、文化を再建するための本を書きたいと考えはじめた。

現代はあらゆる点で前代の模倣《もほう》であり、人びとは理想を失い、考えることをやめてしまった。社会には権力主義や安易な現実主義がはびこって、理想のともしびは消えようとしている。眼前に荒れ狂っている戦争は、現代文化の退廃《たいはい》の結果を示している。

なぜ文化の破局が生じたのか。それは、文化の基礎をなしていた理想主義的世界観が消えてしまったからだ。文化とは、人間がもっと幸福な生活をしたいという願望からでたものであった。この幸福は、物質的幸福だけではなく、道徳的意味をも含んでいる。したがって文化の本質とは、社会と個人が道徳的に完成することである。ところが、現代の人びとは知識と能力だけを重視して、倫理的理想を失ってしまった。

それでは人びとが倫理的理想を回復し、文化を再建するにはどうすればよいのか。シュバイツァーは、そのためには、「生きようとする意志」と個人の倫理的要求を結合することが必要であると思った。しかし、この二つの考えを必然的に結びつける土台になる理念が、わからなかった。それゆえ、倫理の本質が何であり、生命肯定の本質が何であるかを説明できなかった。かれは大洋にのりだすために、新しい堅固な船を作りたいと思いながら、どこから手をつけたらよいかわからない人間のようであった。従来の哲学の知識でもって解決しようと努力したが、だめだった。

このような模索をくりかえしたころ、シュバイツァーは、夫人の健康がおもわしくなかったため、付き添ってカプーロペスへ転地静養に行った。そのとき急に、ある宣教師の夫人を治療するために、二〇〇キロ上流の村まで行くことになった。

小さな蒸気船は川をさかのぼって進んだ。かれは甲板にすわって、あらゆるものに妥当する倫理的理念を探索していた。

三日目の晩、船は河馬《かば》の群れのあいだを進んでいた。そのときとつぜん、かれの頭に「生命への畏敬」という言葉がひらめいた。「生命への畏敬」。シュバイツァーはついに、「生きようとする意志」と個人の倫理的要求とを包含する理念を、把握したのであった。

「生命への畏敬」とは、生命をおそれ、敬うことである。つまり生命が尊いもので、なによりもたいせつなものだと考えることである。この立場にたつと、善とは生命を保持し、促進することであり、発展する生命をその最高の価値までもたらすことである。また、悪とは生命を否定し、生命を傷つけ、発展する生命の成長をさまたげることである。かれにとっては、「生命の畏敬」こそ倫理の根本法則であり、思考をすすめた必然の結果であった。

また、シュバイツァーは、いままでの倫理学の欠陥が、人間の人間にたいする関係だけを重視した点にあると考えた。「生きようとする意志」は、人間だけでなく、すべての生物がもっている。それゆえ、「生命への畏敬」は人間の生命尊重だけに限定せず、すべての生物に適用されなければならない。したがって、真に倫理的な人間とは、人間をも動物をも植物をも、すべての生命を生命として敬い、苦しむ生命があれば、これを助けようとする人間なのだ。

こうして文化哲学の基礎はできあがった。シュバイツァーは、「生命への畏敬」こそ人類に理想とエネルギーをあたえ、人類を社会的にも精神的にも融合させ、平和を到来させる根本精神である、と確信したのである。

フランスの捕虜収容所にて

一九一七年九月、シュバイツァーは健康が回復すると、ランバレネにもどって仕事をはじめた。赤痢の大流行がはじまり、多くの患者がぞくぞくと病院にかけつけた。戦争の結果、ヨーロッパの金持ちの友人たちからの援助は中断してしまったが、治療をやめるわけにはいかなかった。かれは病院に器具や薬品などをそなえるために、パリの伝道協会から借金をしなければならなかった。

病人の増加に比例して負債もふえた。それは返済のあてのない借金だった。戦後、いかにして返済できるであろうか？　このことを考えると、シュバイツァーの憂慮は深かった。

かれが病院にもどってまもなく、フランスの捕虜収容所にはいることに決定したので、つぎの便船でフランスに向かうようにという命令がとどいた。ついに夫妻は、病院をはなれなければならなかった。かれは便船が数日おくれたのを利用して、宣教師と二、三人の黒人の協力のもとに、医療器具・オルガン・器材などを整理し、荷造りしてバラック小屋に保管した。

シュバイツァー夫妻は、最初、ボルドーの外国人捕虜を収容していた宿舎に三週間とめられた。運わるく、かれはそこで赤痢にかかってしまった。持参のエメチンで一時的にはおさえることができたが、そのご長いあいだこの病気がもとで苦しみつづけたのである。

ガレソンの収容所にはいって数日後、同じように捕虜となっていたジプシーの一団がやってきて、年輩の者が「あなたはロマン＝ローランの『今日の音楽家』のなかのシュバイツァーではありませんか」とたずねた。かれがそうだと肯定すると、かれらはとても喜んで、「今後あなたをわれわれの一員として待遇します」といった。それ以後、夫妻は特別にかれらの音楽会への同席を許され、夫人の誕生日には、かれらは、特製のすばらしいセレナードを贈り物として聞かせてくれた。

シュバイツァーは、はじめは医師として活動することを禁じられたが、まもなく許された。捕虜のなかの唯一の医師として病人の治療にあたった。暇な時間は、机をオルガンの代用として、バッハやヴィドールの曲を暗譜《あんぷ》したり、あるいは文化哲学の執筆をしたりした。

収容所のなかにはいろいろな病気が流行した。なかでももっとも悲惨なのは、精神的に弱ってしまった人びとであった。たいていは、植民地で苦労して築きあげた地位を失ってしまったことに、起因していた。かれらは希望を失い、虚脱したまま、毎日ピレネーの山々を眺めていた。これらの人びとは、単調な食事に食欲さえ失ってしまい、ほとんどが栄養失調におち入っていた。さらに悪いことには、軽い病気にかかってもたちまち重症になってしまうことであった。

シュバイツァーはこの収容所で、いろいろな国の人びとと知りあった。それらは、学者・商人・芸術家・銀行家・建築技師などあらゆる職業の人間からなっていた。かれは、これらの専門家たちの話を聞くのを好んだ。それによって本などを読むよりも、はるかに実地《じっち》に役だつ知識を学んだのである。

長い冬がすぎて春が訪れたころ、夫妻は、サン＝レミにあるエルザス人だけの収容所に送られることになった。この収容所はかつて、狂気のヴァン＝ゴッホがはいっていた精神病院であった。ここにはおもに、教師・鉄道技師・山林監督官などの職業の人が多かった。シュバイツァーは、ギュンスバッハの若い牧師や教え子たちに会うことができ、日曜日には副牧師として説教したりした。

しかし、ここの気候と建物は、病気がちの夫妻には牢獄にいるような苦痛をあたえた。強く荒い風、冷たい石の床、精神病院特有の陰気な建物などが、二人を連日のように苦しめつづけた。シュバイツァーはしばしば熱をだし、疲労がはげしく、すっかり健康をそこねてしまった。

エルザスへの帰郷と終戦

一九一八年七月、とつぜんシュバイツァー夫妻は、他の捕虜とともに、交換捕虜としてスイスを経由しエルザスに送還されることになった。かれは、夫人が病気と郷愁とでひどく苦しんでいたときであったので、この朗報を喜んだ。七月一二日、夫妻は収容所をあとにした。途中の駅で、列車の到着まで、遠く離れた小屋で待たなければならないことがあった。夫妻は、暑い日ざしのなかを、重い荷物をせおい、いまにも倒れそうなようすで歩いていた。そのとき、収容所で治療したことのある、ある不具者が、二人の苦しげな足どりをみて近づき、荷物をもってくれた。シュバイツァーは、その好意をどんなにありがたく感じたことであろう。それ以後、かれは、停車場や道路で重い荷物に困っている人をみたら、ただちに手伝ってもつことを実行するようになった。

七月一五日の朝、列車はチューリヒに到着した。五、六人の友人が二人を出迎えた。思いがけないことだったので、その喜びもひとしお大きかった。また、長年の戦争のために栄養不良に苦しんでいるドイツの子どもたちの顔をみて、故国に帰った感動と同時に、戦争の残酷さを痛感したのであった。

夫人は出迎えた両親とともに、シュトラースブルクに帰った。手続きで一日遅れたシュバイツァーも、シュトラースブルクに到着した。故郷のギュンスバッハは、戦線の近くにあったために、交戦地帯になっていた。かつての美しい森は、いまや砲火《ほうか》にさらされ、はげ山と化していた。かれは病弱のからだを無理しつつ、父の安否をたずね歩いて、わが家にたどりついた。父は無事であった。かれは、ここでからだを休め、疲労と発熱状態を脱しようと努力したがだめであった。連日の強行軍のため病気はだんだんと悪化し、至急手術をしなければならない状態になった。かれは夫人に助けられてシュトラースブルクまで行き、手術をうけた。

一一月一一日、戦争はおわった。しかし、シュバイツァーは病院を失い負債だけをかかえ、さらに自慢することができた健康さえも失っていた。いまはかれには、夫人と娘のための生活費をどうしてうるかの目当てさえもなかった。暗い希望のない日々であった。戦争は、かれがようやく手に入れた直接奉仕を、無残にも破壊してしまったのである。

シュバイツァーが手術の結果健康を回復したとき、友人の市長が市立病院の助手の職を斡旋《あっせん》してくれた。また、聖ニコライ教会も副牧師の地位を提供し、牧師館に住むことを許可してくれた。だが、病院での仕事は、かれに希望をあたえるよりは悲哀を感じさせた。ランバレネの病院はどうなったであろうか。パリの伝道協会に負債をどうやって返済するか。はたして再びランバレネで医師として活躍できるのだろうか。事態は絶望的であり、かれの苦悩は深刻をきわめた。

スウェーデンより救いの手が　一九一九年の末、スペインのバルセロナの友人から演奏を依頼されたシュバイツァーは、どうにか旅費を工面してでかけ、パイプオルガンをひいて好評を博した。シュバイツァーは、もう芸術家としての自分の生命はおわったとあきらめていただけに、この好評は、かれに、「まだ芸術家として立派にやっていける」という自信をあたえた。

夫妻は、戦争中と同じような淋しいクリスマスを、この年も迎えようとしていた。ある晩、スウェーデンの大僧正からの手紙がとどいた。それは、来年の春ウプサラ大学で、倫理に関する連続講演をして欲しいという要請だった。全く思いもかけない夢のようなことであった。シュバイツァーは喜んで、この手紙を夫人にみせた。すばらしいクリスマスの贈り物ではないか。かれの心には、久しぶりに希望のようなものが、わいてきたのであった。

一九二〇年四月、シュバイツァーは夫人とともに、ウプサラで暖かく迎えられた。かれが講義の題目として選んだのは、「世界と人生との肯定[1]と、哲学および世界宗教の中の倫理」であった。この文化哲学の講演を、聴講者は熱心に聞いてくれた。最後に「生命への畏敬」を講義したときは、かれ自身感激して話すことができないほどであった。

かれはまだ病人であった。夏には再び手術をしなければならなかった。しかし、スウェーデンの澄んだ空気と人びとの暖かいもてなしのなかで、しだいに元気をとりもどすことができた。

シュバイツァーは当地で、長年の疲労と精神的苦悩を少しずつ忘れはじめた。が、ただ一つ、いつも心をいためる問題があった。パリの伝道協会の借金のことであった。ある雨の日、かれは大僧正と散歩したさい、思いきってこの件を相談した。すると大僧正は、スウェーデンで講演と演奏会をするようにすすめ、み

1) 世界と人生との肯定とは、人間の内部で体験されたり、外部で展開したりする「存在」を、それ自身価値あるものとみなし、それを保持し、促進し、完成するように努力することである。これに対して、世界および人生を否定する（バラモン教の世界観など）ものを、世界と人生との否定という。

ずから知人に推薦状を書いてくれた。さらにかれに、アフリカでの体験を本にするようにといい、出版社まで決めてくれた。

当時のスウェーデンは戦争で富裕になっていた。五月中旬、シュバイツァーは巡回旅行をはじめた。かれは教会などで、アフリカの黒人の苦しみなどについて話した。また、バッハとメンデルスゾーンとフランクの曲を演奏した。住民は熱心にかれの話を聞き、美しいオルガンの響きに耳を傾けてくれた。六週間の巡回旅行は好評のうちにおわった。この旅行がおわったとき、借金を返済するに足る金額が集まっていた。シュバイツァーは、借金の返済が可能になると、再びランバレネに希望をいだきはじめた。七月にかれは、救いの手をもたらしたスウェーデンに別れをつげた。故郷に帰るやいなや、約束のアフリカ回想記を書きはじめた。題目は『水と原始林のあいだに』であった。この書はさいしょスウェーデン語で出版され、つぎの年ドイツ語に、さらに英語・オランダ語などに翻訳された。この書は、かれの後援者をふやすとともに、著作料の収入によって、ランバレネへの再出発の見通しをつけてくれた。

そのご、翌年にはシュトラースブルクの市立病院の助手と副牧師を辞任して、文筆とパイプオルガン演奏で生計をささえた。再び多忙の日々が訪れた。だが、それは喜びと希望に満ちあふれた日々であった。シュバイツァーは、各地の大学で文化哲学や原始キリスト教についての講演をおこない、ランバレネでの資金をうるために、アフリカについての講演やオルガンの演奏会を催した。一九二三年には、文化哲学の第一部『文化の退廃と再建』、第二部『文化と倫理』を完成し、出版した。

スウェーデンの旅行いらい、シュバイツァーには、再び、忙しいが、充実した日々がつづいた。このすばらしい体験は、かれにとって一つの奇《き》跡《せき》のようにさえ思われた。なぜなら、三〇歳のときアフリカで医師として働こうと決意したとき、かれは三つのことをあきらめたのであった。すなわち、パイプオルガンの演奏と、大学で教えることと、それに経済的独立とであった。この犠牲は実につらいものだった。しかし、いまや、自分の子どもを犠牲にしたアブラハム[1]と同じ運命が、シュバイツァーにも訪れたのである。かれは数か国で独奏者として演奏でき、各国の大学で学生に教えるようになった。また、パイプオルガンと文筆とによって経済的にも十分独立できるようになった。あの犠牲にした三つのものが、すべてかれにもどってきたのである。また、出版直前に『生い立ちの記』を完成した。

再びランバレネへ（第二期）

一九二四年二月二一日の朝、シュバイツァーの乗った「オレステス号」は、ボルドー港を静かにはなれてアフリカへ向かった。残念なことに、こんどはかれの忠実な助手である夫人が、健康上の理由で子どもとともに残ることになった。そのかわり、オクスフォード大学の若い学生ノエル＝ジルスピーが、二、三か月のあいだ仕事を手伝う予定で同行していた。シュバイツァーは、ボルドーで、戦時中の拘禁生活と病気のことを思いだし、いま再び、ランバレネへ向かえる幸運を味わっていた。それ

1) 旧約聖書の創世記にでてくる人物で、深く神を信じ、神が「一人子のイサクをいけにえに捧げよ」と命じたとき、少しも疑わず、イサクをいけにえにしようとして神に認められ、イサクも助けられ、祝福をうけた。

に、子どもとともに故郷に残ることを承諾してくれた夫人にたいしても、感謝の気持ちでいっぱいであった。

ロペス岬で川蒸気船「アレムベ号」に乗り換えて、オゴーウェ川をさかのぼった。

やがて、目のまえには、水と原始林があらわれはじめた。以前とまったく同じ光景が、くりかえしあらわれては、背後に消えていった。

四月一九日復活祭の土曜日に、ランバレネに到着した。一九一七年の秋、追いたてられるようにして去ったランバレネが、再び目のまえにあった。シュバイツァーは、ノエルが荷物おろしを監視しているあいだ、夢遊病者のように病院のほうへと歩いて行った。原始林の侵食力《しんしょく》は診療所を樹木で埋めつくし、そこは古い廃墟《はいきょ》と化していた。建物のうちでは、トタンぶきのバラックと病人収容のバラックが残っているだけで、ほかの建物はみな腐って倒壊《とうかい》していた。病院からシュバイツァーの家に通じていた小道も草でおおわれ、ほとんど見分けることもできなかった。病院は予想以上に荒れはてていた。ただかれの心を慰めてくれたのは、宣教師や女教師などの伝道所の人びとが、暖かく迎えてくれたことであった。

翌日の朝、早くもさいしょの病人がきた。しかし、その老人は悪化した心臓病で手のくだしようもなかった。さいしょの週にはほかに二、三人の死亡者があった。診療所とかれ自身の家を修理することが第一の課題であった。ところが木材取り引きがさかんになったため、人夫を集めることは以前と同じく困難だった。大至急屋根の穴を葉瓦《はがわら》でふさがないことには、落ち着いて病人をみることもできない。シュバイツァーは、ノエルと二人でカヌーに乗って、遠くの部落まで葉瓦を捜し歩いた。ときには、いうことを聞かないとこの部落の人を今後いっさい診察しないとおどかして、葉瓦を集めなければならなかった。幸いにも、ある黒人の材木商が、五人の人夫と一人の監督とを貸してくれた。おかげで二週間後には、薬局と診察室だけはどうやら使えるようになった。つぎには病人用の大きなバラックを建てねばならなかった。そのうちとつぜん、この人夫たちは、年期がおわったと家に帰ってしまった。ほかの人夫を雇うことはほとんど不可能だった。

ランバレネの伝道所

シュバイツァーは、病人の付き添いや病人のなかから志願者を募集し、仕事をつづけねばならなかった。シュバイツァーは現場監督であり、総指揮官であった。毎朝志願者を集め、食べ物と進物《しんもつ》を約束して材料と道具を手渡し、夕方には再び材料や道具の数を調べるのであった。

また、人夫を集めるのと同じく、建築材料を手に入れることも非常に困難であった。まず材料として、竹と、葉瓦の材料であるラファイアの椰子《やし》と、皮紐《かわひも》を作る植物とを集めなければならなかった。使える竹は沼地の特別な場所にだけあったし、時期的にも採集は春の水かさの多い時とかぎられていた。このあいだの一、二週間に竹を切りださないと、一年間家を建てることはできなくなるのである。ラファイア椰子も皮紐の植物も同様であった。さらに悪いことには、シュバイツァーはカヌーをもっていなかった。それで材料を収穫する時期に大きいカヌーを黒人から借りたが、その持ち主自身が使うときは借りられず、人夫が集まったときにはカヌーがない、カヌーが借りられたときには人夫が十分ではない……といった状態で、せっかくの苦心が水の泡《あわ》になってしまうことさえあった。

つぎに、シュバイツァーは、煉瓦《れんが》を焼く計画をたてた。粘土は伝道本部のそばにたくさんあった。煉瓦用の炉も使いふるしがあり、煉瓦を乾かす土間も沼のそばに地ならしされていた。ここでは煉瓦を焼いても、日光で乾かすために雨の降らない七月と八月しか利用できない。かれは人手が欲しかったので、煉瓦焼きの準備に、病院内で立って歩ける人間であればどんどん働かせた。あるときは、働かなければ食事を減らすとか、傷口に包帯をしてやらないとかおどかしたりさえした。毎日の仕事の量は少なかったが、それでも黒人たちは労働を嫌い、魚釣りに行ってしまうしまつであった。オゴーウェ川の流域には、「ランバレネのドクトルの所へ行くのはやめたほうがよい。あいつは悪い人間になってしまい、むりに仕事をさせる」とか、「ドクトルは煉瓦を手に入れようとして、人びとを虐待《ぎゃくたい》する」という噂《うわさ》までが広がるようになった。

シュバイツァーは連日、煉瓦のことを考え、煉瓦の夢までみるほどであった。だが、煉瓦づくりは遅々《ちち》として進まなかった。医者と建築家と現場監督という三役はかれにとって過重であった。かれはついに煉瓦づくりを断念した。煉瓦づくり中止の報告を聞いて、黒人たちは歓声をあげ、はしゃぎまわるのであった。

病院、姥捨山《うばすてやま》となる

ランバレネにもどって二週間ほどすぎた朝、病院の前に一人の老人が捨てられていた。ほとんど裸で、ふとんも蚊帳《かや》ももっていなかった。この老人はいつも、自分には金持ちの親戚があり、かれらがそのうちにドクトルにたくさんの食べ物とお礼をもってくるであろう、と話すのであった。シュバイツァーは食事とふとんと蚊帳をあたえ、ときには老人の話をいちいちうなずきながら聞いてやるのであった。死が近づいて口がきけなくなっても、老人は金持ちの親戚がやってくると信じていた。その老人のそばには、同じように置き去りにされた病人が、老人のふとんと蚊帳ほしさにかれの死を待っているのだった。

またあるときは、近くの部落から死にかけた女が病院の前に捨てられた。噂によると、この女は身内がなく、病気になっても面倒をみてくれる者がなかった。近所の人が同情して、木を切って火をたき、夜暖めてやろうと、隣家に斧を借りに行ったところ、「あの女のために木を切るって！　それよりドクトルの所へ連れて行けばいいよ」といわれ、捨てられたのだそうだ。

オゴーウェ流域の人びとは、病院を姥捨山《うばすてやま》と考えていたのである。しかもその姥捨山には親切なドクトルがいることから、老人や病人を遠慮なしに捨てるのであった。

シュバイツァーは老人や病人の置き去りには困った。なぜなら、捨てられた人びとが死ぬまでの全費用をかれが負担しなければならなかったし、病院の前でそれらの人びとが死亡したばあいには、入院患者の心理状態にも悪い影響をおよぼしたからである。しかし、かれは病院に置き去りにされた弱い人びとには愛情をもって接し、できるだけその死をらくにしてやるのだった。まれに、捨てられた人間が回復して元気になると、その部落の者が夜こっそり訪れ、連れ去ってしまうのであった。

こうして捨てられた不幸な人びとが死んだとき、埋葬が大変であった。黒人たちには、自分の身内か知りあいでないかぎり、決して墓を掘ろうとしない慣習があった。鍬《くわ》と鋤《すき》とを渡して、謝礼を約束してもだめであった。黒人たちは「汚れ」という宗教的観念から、他人の死に関係をもつことをおそれるのである。だから捨てられた人間が死んだばあい、病院にいる付き添いなどの元気な男たちは、みんな姿をかくしてしまうのであった。それだから、普通、墓を掘ったり、死体を運ぶのは、伝道本部の黒人宣教師の志願者であった。かれらが不在のばあいには、シュバイツァーや病院で働いている人びとがしなければならなかった。ノエル青年はなんどとなく、墓掘りと棺《かん》かつぎをしなければならなかった。

このような事情から、シュバイツァーは、病人や老人を遺棄《いき》する慣習にたびたび頭をいためなければならなかった。しかし、他面では、黒人のなかでももっとも不幸でめぐまれない人びとが、安住の地として病院に捨てられることを、神の導きとして喜んだ。薪《まき》さえも隣人からもらえなかったあの女が死んで埋葬されたとき、その墓の前で宣教師は、「かの女が仲間から捨てられて、外国人のもとで憐《あわれ》みをみいだしたことは、イエスの愛がこの世にのぞんでいるからである」と感動しながら説いた。そんなときシュバイツァーも、神の恩寵を深く感謝して、学童たちの歌うコラールに耳をかたむけるのであった。

第二の医師到着

一九二四年八月、若い学生ノエル＝ジルスピーは、さいしょの看護婦が到着したのを機会に帰国した。かれはシュバイツァーに同行して、約四か月間、医師の助手として、現場監督として、墓掘り人として働き、病院の再建に献身的につくしたのだった。シュバイツァーは、ノエル青年の親切と援助にたいして、どんなに感謝したことであろう。

ノエル青年の帰国と同時に、再びシュバイツァーには、医師と建築家の兼務がはじまった。まもなくかれは、ひどい疲労に襲われるようになった。医師としてよりも、現場監督や黒人への説得に多くの時間をついやすのが、たまらなかった。

一〇月になると、シュバイツァーは、もはや医師と建築家という二重の重荷にたえきれなくなってきた。ひどい疲労感がかれをいらいらさせた。

そんなとき、新しい医師ヴィクトル＝ネスマンが到着するという朗報がもたらされた。かれがもっとも必要としていた医師であった。それはまさに救いというべきものだった。しかもその医師は、同郷の牧師の息子であった。

おだやかな雨の降る日であった。川蒸気船の合い図を聞いて、シュバイツァーは大急ぎでカヌーに乗り、蒸気船まで出迎えた。背の高い若い男が甲板で手をふっていた。はじめて対面して握手をしたとき、ネスマンは「もう休んでいいですよ。こんどは私が全部やりますから」といった。シュバイツァーは、「よろしい、すぐ荷物をカヌーに積みかえて下さい」と答えた。この医師は慎重に荷物を積みかえて、その有能さを示した。

翌日から、ドクトル－ネスマンは仕事を開始した。かれは実用的な素質・組織力をもっており、黒人との交際もたくみで、ユーモアの持ち主だった。まるでアフリカ向きに生まれてきたような人間であった。黒人たちは、かれが背が高いのにもかかわらず、「小さなドクトル」と呼んだ。ここで「小さい」とは、「若い」という意味である。

そのご、シュバイツァーは、医師の仕事を小さいドクトルにまかせて、一日中建築の指図と監督に専心することができた。こうしてかれは、第二のバラックを完成し、ついで貯蔵庫を、さらに第三のバラックを建てた。

翌年にはスウェーデンの友人からモーターボートを贈られ、三月、第三の医師マルク＝ラウテンブルクが到着した。四月にはスイスの若い建築家シャッツマンが、なんの連絡もなしにとつぜん奉仕のために訪れた。

ようやくランバレネの病院にも光明がみえはじめ、シュバイツァーはほっと息をついた。病院再建のめどがついてきた。パウロの神秘主義についての研究をつづけ、書物にすることも可能な状態になってきた。

しかし、新しい困難がやってきた。患者の来院が多くなったことである。かれがさいしょランバレネで病院をはじめたときの患者は、大部分周囲のオゴーウェ地方の黒人であった。それがこんどは、内陸からの患者が殺到しはじめたのである。かれらはオゴーウェ川下流の木材伐採で働くためにでてきた、もっとも悪い意味における放浪プロレタリアであった。このような奥地の住民の移動は、内陸では労働力の不足からききんを生じた。他方オゴーウェ川流域では、とぼしい食糧の貯えを減少させる原因となり、同様にききんの危険をもたらしたのである。

かれらは、マラリア・赤痢、足の膿腫《のうしゅ》に苦しんで病院にくるのであった。シュバイツァーは、これらの人びとに深い同情をおぼえ、心から治療につくした。しかし他面では、責任感の完全に欠除しているかれらのために、病院の秩序が乱れ、それをいかにして建てなおすかに苦心しなければならなかった。

ききんと赤痢

一九二五年六月、赤痢の流行がはじまった。まもなく、赤痢患者が病院に殺到しはじめた。通常、赤痢菌には二種類あり、一つは熱帯特有のアメーバ赤痢で、他は普通どこにでもみられる赤痢菌によるものである。シュバイツァーの病院では以前はほとんどアメーバ赤痢であったが、このころになると、両者を同時にもつ患者が多かった。たいていのばあい、病院につれてこられた赤痢患者は動くこともできず、食事さえできない状態で、すわるところをすべて汚してしまうのであった。医師たちは治療だけでなく、食事の世話までしなければならなかった。

シュバイツァーがもっとも憂慮したのは、いかにして病院での赤痢流行をふせぐかということであった。この仕事は、原住民相手ではきわめて困難な仕事であった。かれらは、患者の排出物で汚れた水を飲んだり、汚れた水のなかで手を洗い、それをなめたりするので、たちまち病気にかかるのである。

シュバイツァーや医師たちは、赤痢患者を板仕切りで隔離《かくり》し、かれらが水や土を汚さないように注意した。また黒人たちに、赤痢患者といっしょに炊事《すいじ》をしてはいけないとか、泉いがいの水を飲んではいけないなどと注意した。しかし黒人たちは、これを守ることができなかった。ある黒人は、赤痢患者のなかに同郷の者をみつけると、その男といっしょに生活をはじめた。ドクトルーネスマンが「お前は死にたいのか」と問うと、「兄弟の面倒をみないよりはいっしょに死にたい」と答えるしまつであった。

こういう状態のため、シュバイツァーは、一時、病院に警察を設けようとしたが、それも不可能であった。黒人たちは、こういうことをまったく理解できなかったのである。

さらに悪いことには、黒人たちが赤痢患者であることをかくしはじめたことである。また、他の黒人たちも、そうしたことを援助しはじめた。かれらは、赤痢患者として自由を束縛されることが、何よりもいやなのだった。

医師たちは、この赤痢患者には完全に手をやいていた。なかでも内陸からきた蛮人は、ひどかった。ある日、蛮人が、いま汚水を飲んだばかりだと聞いて、さすがのシュバイツァーも絶望して、「こんな野蛮人の医師になるとは、わたしは何という馬鹿者だろう」と叫んだ。それを聞いて、黒人の助手が、「そのとおりです。あなたは大馬鹿者です。しかし、天国ではそうではありません」と静かにいった。

赤痢の蔓延《まんえん》にくわえて、ききんの影響があらわれはじめた。ききんは奥地からはじまった。去年乾季に雨が降ったので、黒人たちが森を焼いて植えつけをしなかったため、バナナとマニオクとが欠乏したのである。ききんがはじまると住民たちは、まだ食糧のある地方に行っては畑を荒らした。荒らされた土地の住民はやがてききんにおち入り、そうやってつぎつぎにききんは拡大していくのである。こうなると黒人たちは、かえって何も植えようとはしない。植えてもだれかに盗まれてしまうからである。

さらにききんをいっそう促進したのは、商人が米を少ししか注文しなかったことと、天候不良で米の輸入が遅れたためでもあった。

シュバイツァーは、米が欠乏しそうな徴候を見せたとき、万全を期して、二五〇〇キロの米を購入しておいた。新しい貯蔵室とモーターボートが、この貯蔵を可能にしたのである。しかし、それでも安心できなかった。病人の数はますます増加して、毎日食事をあたえなければならない病人の数は、一二〇人にも達した。一日に六〇キロないし八〇キロの米が消えていくのだった。バナナはもうほとんどみられなかった。シュバイツァーは、貯蔵米がなくなったら、病院をどのようにして解散すべきかを考えては、憂いに沈むのであった。

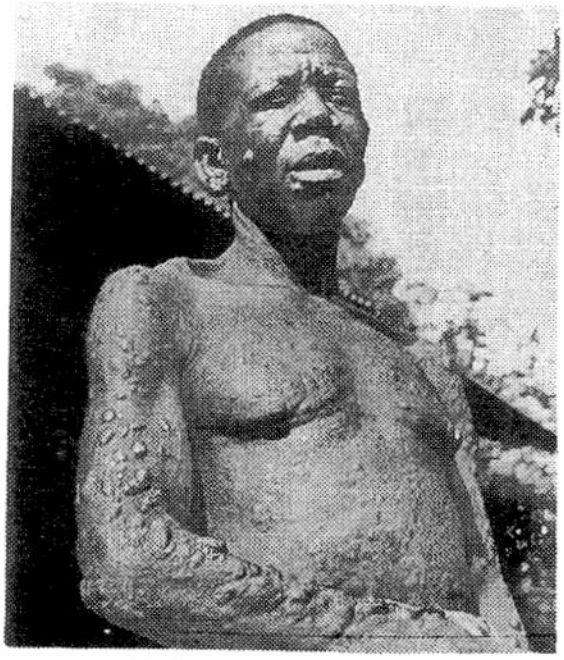
病気で苦しむ黒人

ききんをいっそう悲惨にするのは、黒人たちの無能さであった。黒人たちがききんの初期にとうもろこしを植えたならば、四か月目には実っていたであろうに、かれらはその種をも食べてしまった。またバナナとマニオクのような植物性の食物は確かに欠乏していたが、動物ならば森や村にいくらでもいるのである。黒人の男たちが二〇人ぐらいで、ナイフと槍をもって野猪《いのしし》の群れを追いかけたら、一匹ぐらいとれるであろう。しかし、飢えはじめた黒人は働こうとはせずに、小屋のなかにすわって死をまつばかりであった。文明世界では「必要は発明の母」であるが、ここではまったく逆であった。

新しい病院の建設

赤痢の大流行は、病院の場所不足をいっそうひどいものにした。シュバイツァーは、伝染病患者を他の宿舎に隔離できたらどんなによいだろうと、いくたび考えたことだろう。それに、精神病患者の独立した家屋も必要であった。精神病患者は、他の患者の部屋のなかに掘られた暗い穴を独房としていた。それでかれらが狂騒《きょうそう》すると、他の病気の者はたえられなかった。それから、包帯を作る部屋も、手術室も、欲しかった。また、墓に運ぶまで死人を安置しておく部屋も、ぜひとも欲しかった。

このような事情から、シュバイツァーは、病院をもっと広い場所に移転するという決意をかためたのである。かれの望む新しい病院は、二〇〇人の患者と付き添い人を収容でき、周囲に農園を作る場所のあるものであった。かれはひそかに、病院の予定地を検討しはじめた。じつは、かれには、さいしょの滞在のときから、これはと思う土地があった。それは、いまの病院より三キロほど上流で、オゴーウェ川が二つに分かれている場所であった。そこは、かつて大きな部落のあった所で、住居と耕地とがあった関係上、開拓も比較的容易であった。

一九二五年の一一月、シュバイツァーはだれにも相談しないで、病院移転予定地としてこのアドリナノンゴの丘を選び、地方長官に使用許可の申請をした。長官は好意的で、すぐに仮許可をだしてくれた。

その日、シュバイツァーは、他の医師と看護婦とを集めて、はじめて病院移転の構想を話した。かれらはしばらくのあいだ黙っていたが、それから喜びの声をあげた。これらの人びとも病院の狭さを十分に知っていて、新しい病院の建設を望んでいたのであった。しかし、あまりにも大きなその仕事を、口にすることができなかったのである。

黒人を指導するシュバイツァー

さっそく、移転の準備がはじまった。さいしょに、予定地にくいをたて、境界を示す測量がおこなわれた。それと同時に開墾も開始された。できるだけ早く開墾して、とうもろこしを植え、長いききんに備えたかったのである。いまやシュバイツァーは、病院のことは他の医師にまかせて、新しい病院の建設に専念しはじめた。病院で働けるものは全部、毎朝斧と鎌とをあたえられて予定地に向かい、開墾に従事させられた。ききんの時期であったので、病院内にいるものは重病人でないかぎり、開墾に参加した。普通なら、三分の二の食糧だけしかあたえられないのに、労働したものには十分な食糧と贈り物があたえられたからである。特別によく働いた者には、二日ごとに一枚の贈り物券が渡され、十日ごとに進物があたえられた。伯母の付き添いとして病院にきた少年は、熱心に働き、たくさんのナイフをもらって伯母とともに村へ帰った。おそらく村に帰って、ナイフを他の品物と交換できたことであろう。

こうしてシュバイツァーは、一年半、新しい病院建設の総監督として黒人たちを指揮した。かれはランバレネへくるとき、夫人に、二年後には帰ると約束してきた。だが、帰ることはできなかった。ときどき、夫人と娘のことを思っては、かれは胸をいためるのであった。

一九二七年一月二一日、新しい病院の建物がだいたい完成し、旧病院からの患者たちの移動がおこなわれた。新病院は、長さ二二メートル半、横八メートルの大バラックの建物で、なかには診察室と治療室・手術室・有菌手術室・薬局・薬品貯蔵室・包帯材料置場・研究室があった。これ以外に、長さ五メートル半、横五メートルの建物があり、食器洗場と包帯室があった。また川の近くには、赤痢患者と精神病用のバラックが建てられていた。この日の夜、最後の船で精神病患者がつれてこられた。かれらは看護人に、新しい病院では木の床の部屋に住めるとくりかえしいわれてきたのである。この晩、シュバイツァーが患者のはいった新病院をみまわったとき、黒人たちは、「ドクトル、この家はいいです。この家は立派です」と喜び叫んで挨拶するのだった。シュバイツァーはランバレネに到着していらい、はじめて病人たちを人間の住む家に入れることができたのである。シュバイツァーは、深い喜びにふるえながら神に感謝し、援助してくれたヨーロッパの友人たちに思いをはせるのであった。

ききんがあたえた一つの警告があった。それは、旧病院が食糧栽培の土地をぜんぜんもっていなかったことである。シュバイツァーが新しい病院建設にふみきった一つの理由は、病院農園を作るということであった。もし病院に畑があったら、付き添い人や軽い病気の患者を働かせてとうもろこしなどを栽培できるのではないか。とくにききんのばあい、働ける人が何もしないで食糧だけをもとめるのは、よいことだろうか。それに赤痢患者は、米の食事では消化がわるくて、かえって身体を弱めてしまうこともあった。だから、バナナとマニオクが栽培できれば、病人にとってもよい食物を手に入れることができる。このように考えて、シュバイツァーは、新病院建設と同時に、その周囲に農園を作りはじめたのである。開墾予定地の油椰子《やし》だけは残した。それは、病人の栄養に欠くことのできない貴重な脂肪を、椰子油の形で提供するからであった。まず、バナナの栽培をはじめた。バナナは栽培が簡単で、しかも収穫の多い作物である。甘いバナナは、雨季のときに、バナナの根から若芽をとって地にさしておくと、一年のうちに実を結ぶまでに成長する。つぎに、実をつけなくなった灌木《かんぼく》を切りすてる。そうすると、その若芽が成長して再び実を結ぶのである。

エデンの園

つぎに、マニオクの栽培を考えた。これはバナナとともに熱帯の植物ではもっとも収益のあがるものである。その栽培はマニオクの灌木から茎をとって土にさしておくと、この茎から大きな塊根《かいこん》をもつ灌木が成長する。この根から芋《いも》をとるのである。しかしシュバイツァーは、野猪《いのしし》が根を掘りかえすことを考えて、この栽培を断念しなければならなかった。

やがて、シュバイツァーは、「エデンの園」を作りはじめた。かれの夢は、だれでも自由に手にとることができるほど、果実を実らせることであった。

ようやく妻子のもとへ

一九二七年七月、シュバイツァーは新病院の移転が完了したのを機会に、帰国することにした。再びランバレネにきてから、はやくも三年半がすぎていた。夫人との約束の二年間は、ついに三年半になってしまったのである。

いよいよ帰国することに決まったとき、噂《うわさ》を聞いた精神病のある患者が、かれのところにやってきた。この患者は、かつて精神錯乱《さくらん》におち入って婦人を殺し、病院につれて来られたのであったが、いまでは監視のもとに自由に歩きまわれるようになっていた。この患者は涙すら浮かべて、「ドクトル！　あなたがヨーロッパへ行ってもだれもわたしを退院させないように命令して下さい」というのである。「よろしい、だれもおまえを退院させないよ」とシュバイツァーが答えると、感動したその患者は、ドクトルの手を握って涙にむせぶのであった。

七月二一日、シュバイツァーは二人の看護婦とともに、ランバレネを出発した。ヨーロッパに向かう船上で、三人はアフリカでのつらく苦しかった活動や、黒人たちとの楽しい語らいなどをなつかしく思いだし、アフリカへの別離の悲しみに沈むのであった。シュバイツァーは、ヨーロッパの友人たちの援助によって新病院が完成したことを喜び、心から神に感謝しつづけるのであった。

ケーニヒスフェルトで三年ぶりに、夫人と子どもに再会した。娘は、アフリカに出かけたとき五歳であったが、もう八歳のかわいらしい少女に成長していた。だが、シュバイツァーは、楽しいわが家に長く滞在してはいられなかった。医者が身体の衰弱を理由に休息を命じた。が、わずか三晩自宅ですごすと、かれは病院の仕事や演奏会・講演のために旅行をつづけなければならなかった。この年の秋から冬にかけては、スウェーデンとデンマークを旅行し、病院のために援助し貢献してくれた人びとに感謝の挨拶をした。同時に、講演をおこない、オルガンを演奏するという忙しい日を送った。

翌年の春と夏には、オランダとイギリスを訪れ、秋と冬には、スイス・ドイツ・チェコスロバキアへと飛び歩いた。

シュバイツァーが、オランダのフリースランド地方を訪問したときのことだった。五月のある日曜日の朝、かれはボルスワルトで、古いオルガンを捜して歩いていた。そこですばらしいオルガンをみつけた。かれは「このオルガンをみただけで心のなかに音楽がわいてくる」と、賛嘆し、それをひきはじめた。かれの手の動きとともに、深遠な音響がひろがった。ひきおわると、シュバイツァーは感動したおももちで、「これほど立派なオルガンはありません。これこそ、バッハがハ長調トッカータの独奏部で考えたペダルです」と語るのだった。多忙な演奏会と講演の旅行のなかで、こうした古い立派なオルガンを捜すことが、かれの唯一の趣味であった。それだけに運よく立派なオルガンに出あったときの喜びは、また格別であった。

一方、シュバイツァーは、ランバレネの医師や看護婦たちが特別な事情や静養のために帰国するばあい、そのかわりをつとめてくれる人びとを捜さなければならなかった。この仕事も繁雑《はんざつ》で骨がおれたが、医師・看護婦ともスイスの人が引きうけてくれた。かれは旅行でどこへ出かけていても、アフリカの病院のことが心配であった。それで、つねにランバレネとの連絡を密にしては、指示をあたえたり、不足した薬品をそろえて発送するのであった。

また、旅行の合い間に暇をみつけてはケーニヒスフェルトにもどり、『使徒パウロの神秘主義』の完成にはげんだ。旅行中でも時間をみつけてはこの仕事に専念したが、なかなかはかどらなかった。この書は、ついにヨーロッパでは完成できず、最後の章は、再度ランバレネに向かう船中において書きあげられた。この本は、パウロの非ユダヤ的とみえる神秘主義をギリシア思想からではなく、終末観の思想から解釈したもので、ある意味では、『イエス伝研究史』のつづきをなすものであった。

ゲーテ賞をうく

一九二八年八月、シュバイツァーはマイン河畔《かはん》のフランクフルトでゲーテ賞を授与された。この賞は、その生活と作品においてゲーテともっとも密接な関係をもった作家ないし思想家に、あたえられるものであった。なおこの賞は二年前に設立されたもので、受賞者には二万マルクの賞金があたえられた。

八月二八日、ゲーテの誕生日に授与式がおこなわれた。それはヘンデルの音楽ではじまり、バッハでおわった。市長が受賞者の人格をたたえたのち、シュバイツァーは挨拶として、この偉大な詩人と自分との出あいをつぎのように語った。

「ここで、わたしは、ゲーテにいかにして近づき、かれによってどんなことを体験したかを述べてみたいと思います。

わたしがゲーテにはじめて関心をもったのは、哲学を研究していた大学時代でした。そのころ、奇妙に思ったのは、なぜゲーテがカント・フィヒテ・ヘーゲルなどの思弁哲学の仲間にくわわらずに、それを傍観しながらストア哲学やスピノザの哲学などを研究したか、ということでした。まもなくわたしは、哲学に二つの流れがあることに気づきました。その一つの流れは、独創的なもので、人間と宇宙とを結びつけるために自然と世界に圧力をくわえて、思考力に屈服した世界を人間に結びつけるものでした。もう一つの流れは、原始的なもので、世界と自然とをあるがままに認めて、人間を世界と自然に順応させ、そのなかで精神的に勝利をめざすものでした。思弁哲学は前者に、自然哲学は後者にぞくしていました。

ゲーテは、当時多くの人びとが思弁哲学に熱中していたにもかかわらず、それに幻惑《げんわく》されることなく自然哲学にとどまり、世界と人生との肯定へと思考を発展させたのでした。

このころ、わたしは、ゲーテと別の出あいをしました。それは『一七七七年冬のハルツ旅行』を読んだときでした。わたしは、多忙なゲーテが、精神的助力を願う一青年を救うために、自分の仕事を犠牲にして、雨の中を、遠路旅したことを知りました。それいらい、わたしは、援助をもとめる人に奉仕するために自分の仕事を犠牲にしなければならないとき、これがおまえのハルツ旅行だといい聞かせることにしました。

シュバイツァーの家

さらにゲーテとの出あいは、つづきました。わたしはかれの活動のしかたに注意を向けたとき、ゲーテが、精神的な仕事と実践的な仕事とを人格によって統一していることを理解しました。かれは自己の人格の統一を、実践的な仕事と精神的形成との平行のうちに実現していました。だから、わたしが牧師をしていたころ、この職業の雑務が研究の時間をうばうのが気にかかったときは、いつもゲーテのことを思いだして、みずからを慰めました。

そのご、わたしは、もう一度ゲーテと出あいました。それはわたしが、医師としてアフリカに行ったときでした。わたしはゲーテと、原始林のなかで話しあいました。ランバレネでわたしは、医師としてだけではなく、建築家として、農園開拓者として働かなければならなかったのです。そして、しばしば怠惰で手におえない黒人のために絶望的になったのでした。だがその時も、ゲーテがファウストの最後の仕事として、海から陸地をつくりあげて、そこに住居をかまえ、食糧をつくることを考えたのを思い浮かべると、不思議に心がやすまるのでした。

またゲーテの偉大さは、かれがどんなときでも正義のための配慮を忘れなかったことであります。現代では新しいことを実現するには、少数の人びとは犠牲になってもよいという理論が通用しはじめています。これはまことに悲しむべきことなのです。

以上のごとく、わたしは体験を通してゲーテに近づき、かれの親しい者となりました。最後にわれわれは、ゲーテの精神からつぎのことを学ばねばなりません。第一にわれわれは、現代の物質中心的な境遇と戦って、精神性を保持しなければなりません。第二にわれわれは、外面的なことのみに関心を向けずに、内面化の道を見いださなければなりません。第三にわれわれは、われわれ自身と他のすべてのものと戦わなければなりません。なぜなら、現代は人間性を失ってしまった時代だからです。われわれはその戦いを通して、もう一度一八世紀の偉大な人間性の理想を守り、この理想を現代の思想へ移入して、それを実現するようにしなければなりません。」

シュバイツァーはこの講演で、現代の人間疎外の事実を指摘し、ゲーテの精神を学ぶことによって人間性の回復をはからなければならないことを、強調したのである。なお、このゲーテ賞の賞金は、ギュンスバッハにシュバイツァーの家を建てるのに使われた。

またランバレネへ

ヨーロッパにおける二年間の演奏会と講演との旅行は、古くからの病院の後援者に喜びをあたえた。それと同時に、新しい多数の助力者をうることができた。各地に「シュバイツァーの友の会」ができた。

一九二九年一二月四日、シュバイツァーは夫人と女医と看護婦を伴って三度目のアフリカへの旅に出発した。船中かれがとくに思いだしたのは、医師エーリッヒ＝デルケンのことであった。かれは一か月前、この船でランバレネに向かっていたが、とつぜん船室で倒れ、帰らぬ人となっていた。おそらく、急性の心筋疾患だったのであろう。船員たちは、まだかれのことを話題にしていた。医師デルケンは、病院の後継者になるはずの人であった。かれは、ランバレネに一時的でなく、永久に奉仕する決意をもっていた。その死は多くの人を悲しませた。シュバイツァーにとっても大きな衝撃であった。しかも病院で活躍することなく途中で死去したことが、ふびんでならなかった。夫妻はかれの墓地にお参りしたかったが、その地での碇泊《ていはく》が短くてはたせなかった。

ふたたび、病院での毎日がはじまった。シュバイツァーは、おもに熱帯医学と病院管理の仕事を受けもった。病院での患者はさらにふえ、約二五〇人の黒人が泊まっていた。相変わらず赤痢の流行がはげしくつづいていた。病院は以前よりも秩序が守られるようになり、仕事も組織的におこなわれるようになっていた。それはかれの留守中に、医師と看護婦たちが協力して病院に多くの規則を定め、それを実行させたおかげであった。また、この二年間に多くの建物がつくられていた。それに、井戸にははじめて手押しポンプが取りつけられた。ポンプを知らない黒人女が、柄《え》の動かし方を忘れてしまい、その辺をうろうろしているのはほほえましいかぎりの光景であった。

シュバイツァーは病院の仕事は医師にまかせることができたが、かれには食糧を集める仕事が残っていた。数か月以来、またまたバナナとマニオクが欠乏しはじめた。黒人たちが、木材取り引きのために植えつけを怠ったのである。しかも米も不足しはじめた。翌年の四月には、夫人は健康がすぐれず、ふたたび帰国しなければならなかった。

そのご、新しい精神病舎や重症患者用の病舎が建てられ、雨水用のコンクリート貯水槽も完成した。さらに、コルマル市の友人の寄贈による鐘がとどき、木製の塔につるされた。

この鐘は夕べの鐘として、晩の九時に、それに日曜日の礼拝に鳴らされた。これは宗教的な目的にだけ使われ、日常のことには使われなかった。日常生活における仕事のはじめと仕事のおわりには、いぜんとしてドラが用いられた。そこで黒人たちは、「ドラはドクトルの声、鐘は愛する神の声」と話しあうのであった。

ドクトルの大岡《おおおか》裁き

ある朝、まだ夜が明けない時であった。シュバイツァーは病院のほうでいい争う声を聞いた。出かけて口論の原因を聞くと、夜中にひとりの患者が、他の人のカヌーに乗って漁に出かけたのが原因だった。その男が漁から帰ってきたとき、カヌーの持ち主はその男をつかまえ、無断でカヌーを使用した賠償として、とってきた魚全部と多額の金を要求した。そこでいい争いがはじまったわけである。黒人たちの慣習によれば、カヌーの持ち主の主張が正しかった。

この事件の裁決がドクトルにもちだされた。シュバイツァーが裁判官の役割をはたすことに決まった。かれは、病院では黒人の法律ではなく、白人の理性の法律にもとづくことを説明したのち、二人の主張を調べはじめた。その結果、シュバイツァーは、両者がともに正しく、またともに不正であるという事実をたしかめた。かれはカヌーの持ち主に、威厳をもって宣告した。「おまえは正しい。なぜなら、相手は、おまえのカヌーを使用する許可をもとめるべきだったのに、許可をもとめなかったから。しかしおまえも、不注意で怠けていたから正しくない。おまえはカヌーを椰子につないでおいただけで、錠《じょう》をしていなかったからだ。この怠慢のために、相手はカヌーを使いたい誘惑にかられてしまった。それにおまえは、こんな月夜に漁に出かけないで、小屋で眠っていたから、怠惰の罪がある」と。

それからシュバイツァーは、相手の男にも同じように宣告した。「おまえも持ち主の許可をえずにカヌーに乗ったのは、まちがっている。しかしお前は、相手のように怠けないで、月夜に漁に出かけたのは正しい。」

このように宣告したのち、シュバイツァーはつぎのように判決をいいわたした。漁に行った男は、とった魚の三分の一を、賠償としてカヌーの持ち主にあたえなければならない。だが、とにかく漁に行って自分でとったのだから、三分の一は自分のものとしてよろしい。そして残りの三分の一は病院に提供すべきだ。なぜなら、この事件のためにシュバイツァーが、時間を浪費したからである。

また、シュバイツァーは、つぎのように興味ある話をロンドンで聞いたとし、それが未開人の法的感情を示す好例だとしてある本のなかで紹介している。

イギリス領東アフリカで、若い植民地の役人が、まだ未開の土人のなかで生活していた。かれは裁判官として、土人たちの感情にぴったり適合した判決をくだすことに苦心していた。

着任してまもなく、二人の女が、生きている赤ん坊と死んでいる赤ん坊を連れてきた。そして、かれの前で、それぞれ、生きている赤ん坊こそ自分のものだと主張した。この事件はソロモン王[1]のとりあつかった事件に似ていた。それで若い役人は、ソロモンの判決を真似できると考え、黒人兵士を呼んで、生きた赤ん坊を刀で二分して、二人の女に半分ずつあたえるように命令した。ソロモン王のばあいにはこの判決をしたとき、女のひとりが、子どもを殺さないでほしい、殺すなら相手の女にやってもよい、と頼んだのである。ところが二人の土人の女は、この判決を聞いて、ほかの人びととともに「これは正しい判決だ」と歓呼したのである。

若い役人はこの結果に驚き、最後には、二人の女のうち、きれいなほうに赤ん坊をあたえる判決をくだすことにした。

ファシズムの嵐をまえにして　一九三二年、シュバイツァーは休暇をとってヨーロッパに帰った。こんどもギュンスバッハの新館で疲れきった身体を休める暇もなく、ドイツ・オランダ・イギリス・スコットランドへと講演と演奏の旅をつづけなければならなかった。今度の帰国には、はたさなければならない約束の仕事があった。それは一九三二年三月、ゲーテ死後百年祭に、記念講演をすることであった。さいしょランバレネで、フランクフルトの市長からこの招待をうけたとき、シュバイツァーは、ドイツの大学に優秀

1) ソロモンは、紀元前一〇〇〇年ごろ、ヘブライ人の王国をたてたダヴィデ王の子どもである。ソロモン王の時代、この国にもっとも栄えた。

なゲーテ研究家がいることを理由に、辞退しようとした。しかし再び市長から要請されると、かれはその講演を承諾し、ゲーテの作品をもう一度読んで、この偉大な詩人の精神を把握して講演にそなえたのであった。

この当時のドイツは、騒然《そうぜん》としていた。第一次世界大戦で大きな犠牲をだしたにもかかわらず、人びとは賠償問題その他で、他の国に再び憎悪の念をもやしていた。一九二九年のニューヨークにはじまる経済恐慌《きょうこう》は、ドイツにも大きな波紋《はもん》をなげかけ、金融恐慌や失業問題などを深刻化させた。さらに国内では、二〇以上の政党が政権をもとめて争い、右翼と左翼との激突がみられるようになった。ベルリンでは共産党の暴動がおこり、選挙がおこなわれるごとにナチス党が躍進《やくしん》していた。アドルフ＝ヒトラーの声が、自信ありげに世界じゅうに響くようになってきた。ファシズムの嵐が、まさに吹きまくろうとしていたときだった。

一九三二年三月二二日、フランクフルトのゲーテ広場で、記念講演はおこなわれた。シュバイツァーは、この講演で、はじめにゲーテという偉大な文学者の輪郭《りんかく》を、さまざまな側面から浮きぼりにした。そして最後に、われわれにたいするゲーテの使命を述べたのである。

「ゲーテの思索は社会を相手にしたものではなく、人間それ自身、ないし、個人としての人間を相手にしたものである。それゆえ、その思索はあらゆる時代をこえたものをもっている。なぜなら、社会は時代とともに変化するが、人間はいつも人間だからである。

したがって、ゲーテの使命は、あらゆる時代の人間にたいして、〈真の人間性に向かって努力せよ。汝自《なんじ》身となれ。そして汝自身を内面化し、同時に自分の天性にふさわしい行きかたで行為する人間であれ〉ということであった。

しかし、こんにち人類は、恐ろしい状況のなかで生活している。こうした現状の情勢は、人間がもはや物質的独立だけでなく、精神的独立を失いはじめたことを意味する。つまり人間は、自己自身にぞくすることが少なくなり、社会に隷属《れいぞく》する傾向が強くなった。現代の状況は、ゲーテのファウストの悲劇を、世界を舞台に反復しているようなものである。何千もの暴力沙汰と何千もの殺戮《さつりく》とのうちで、非人間化された心情が荒れ狂っている。何千ものやりかたで人間は誘惑され、現実にたいする自然な関係を放棄し、救いを経済魔術・社会魔術の呪文《じゅもん》のなかにもとめつづけている。

帰国への旅

ゲーテは、将来、人間の精神的独立が集団意志の台頭によっておびやかされることを、予見した人であった。この予見こそ、かれが革命的なことを嫌った理由でもあった。ゲーテは、人間について不安のごときものを体験した、さいしょの人であった。かれは、将来、個人が集団にたいして自己を主張できることの困難性に、早くも気づいていたのである。

ところが、ゲーテの死後百年たった現在、事態はまさにそうなったのである。いまや個人の物質的精神的独立は、すでに破壊されてしまったか、あるいは重大な脅威《きょうい》をうけている。

ゲーテは、こんにちの人類につぎのように告げている。〈人格的な人間性の理想を放棄するな。たとえそのことが現代の機会便乗主義に逆行するとしても、この理想を捨ててはならない。人間は、自己の魂をもった人間でなければならない。集団意志にあわせられ、集団意志と調子をあわせて鼓動する魂をはめこまれた人間機械となってはいけない〉と。」

シュバイツァーの講演は、まさにヒトラーとその一味にたいする、闘争宣言であった。しかし、母国の人びとは、しだいに人間機械としての道を進みはじめたのであった。シュバイツァーのこの講演における警告は、ファシズムの嵐にたいして、人びとが良心に目ざめ、それにたいして戦うことをせつに希望するものであった。

翌年三月、シュバイツァーは、第四回目のアフリカへの旅に出発した。そして十か月滞在し、再びヨーロッパに帰り、『インド思想家の世界観―神秘主義と倫理』をまとめた。一九三五年、かれが六〇歳の二月、第五回目のアフリカの旅に出発し、八か月滞在してヨーロッパに帰った。病院の経営が比較的安定したので、ヨーロッパとランバレネとの往復が、こうしてくりかえされたのである。

第二次世界大戦の勃発

多くの知識人や平和を愛する人びとの警告や憂慮にもかかわらず、ファシズムの嵐はますます無気味さをくわえていった。一九三六年にはイタリアがエチオピアの併合、三七年には日華事変が起こり、日独防共協定が結ばれた。三八年にはドイツがオーストリアを合併した。

遠いアフリカでも、ヨーロッパと同じように、不安に満ちた、重苦しい日々がつづいていた。無電局がランバレネにもできたので、世界の出来事を敏速に知ることができるようになった。黒人たちもときどき、戦争が起こるのですか、とたずねるようになった。

一九三八年四月一六日、この日はシュバイツァー夫妻がランバレネに到着してから、満二五年目の日であった。かれはこの日を覚えていたが、だれも知らないだろうと思っていた。しかし、ランバレネに在住しているヨーロッパ人の年老いた人たちが、この日を知っていた。この人たちは、『水と原始林のあいだに』を読んで、三八年が、さいしょのランバレネ到着から二五年目に当たることを知ったのである。この記念日にドクトルの病院になにか寄贈しようという相談がなされ、白人たちのあいだで募金がはじめられた。これは極秘《ごくひ》におこなわれていたので、ドクトルは寄贈をうけるまでまったく知らなかった。これらの人びとは、材木取り引きの不況でひどい打撃をこうむっていたのだが、病院のため、ドクトルのため、無理をしてまでこの寄付をしてくれたのである。数人の黒人たちも贈り物をしてくれた。宣教師は、医書と食堂にそなえる棚とを贈ってくれた。シュバイツァーにとって、これら善意の贈り物は、予想もしなかっただけにたいへんうれしいものであった。

記念式は、復活祭のあとの月曜日に、ランバレネ伝道本部の教会でおこなわれた。かれらは総額九万フランの金を集め、これでレントゲンを病院に寄贈しようと考えていた。しかしシュバイツァーは、現在の状態ではレントゲンを利用する時間がないので、これを薬品代にかえてもらうことにした。五月になって、夫人が八年ぶりにランバレネに到着した。人びとは四月に夫人が不在であったことを残念がり、この協力者である夫人のために、もう一度祝賀会を催してくれた。

翌年の一月、シュバイツァーはヨーロッパに向かった。かれはイギリス・フランス・ドイツのあいだで、外交上のかけひきがさかんにおこなわれるのをみて、戦争が眼前にせまっていると確信した。船が寄港するどの港にも、戦艦が姿を現わしていたし、ラジオから流れるニュースや話も、戦争の近いことを予感させるものばかりであった。

このような情勢であったので、シュバイツァーは休暇を楽しむこともなく、同じ船で一二日後に、またランバレネに引き返す決心をした。それまでのわずかの日々、かれはエルザスで夫人や娘とともに、かれの仕事の整理と病院の仕事に走りまわった。

三月三日、シュバイツァーは、川蒸気船で、森に囲まれたオゴーウェ川を眺めながら、いま、ヨーロッパで何が起こっているのだろうかと考えていた。人類は、ついに、またも悲劇をくりかえすのだろうか。人間は再び「生命への畏敬」を忘れて、お互いの殺戮《さつりく》をつづけるのだろうか。不安と絶望の感情がかれの胸にわきあがるのであった。

ランバレネに到着するやいなや、かれは病院の経済力が許すかぎり、薬品と食糧品と病院での必需品をヨーロッパに注文したり、現地でもとめたりした。

一九三九年九月、ついに第二次世界大戦が勃発した。シュバイツァーは、重症患者以外の大部分の病人を家に送りかえす決心をした。それはつらい日々であった。かれは黒人たちに、戦争がはじまり、ここに残りたい者も残れない事態である理由を、なんども説明しなければならなかった。黒人たちの大多数は、蒸気船やモーターボートの所有者の好意によって、帰村していった。また、他の者は、原始林の長い道を通って自分たちの村へ向かったのである。いまや、黒人の医療助手の一部にも、暇をとらせねばならなかった。病院は死んだように静かになった。

原始林にも戦火が

戦争が勃発したころ、ランバレネでは、まだ品物を自由に買うことができた。白人商人は、まもなく海上交通が危険となることに気づかなかったので、たびたび大量の米を非常にやすい値段で病院に提供した。それはもちろん、その米が良質なものでなく、象虫《ぞうむし》にとりつかれていたからであった。シュバイツァーは親切にも、将来米を輸入するのは困難になるだろうから、保管しておいたほうがよいのではないか、と注意したほどだった。が、商人たちは信じなかった。そして多量の米が、なかば強引に病院にもちこまれた。そのおかげで、病院の現金はひどく減ってしまったが、以後三年間、病院は食糧の心配をせずにすんだのであった。

動員令により、この地方のヨーロッパ人男性は、つぎつぎに引き揚げてしまった。残った婦人たちは、身の安全をもとめて荷物をまとめ、病院に集まってきた。翌年の三月には、ボルドーとアフリカのあいだを航海していた客船ブラザ号が、フィニステール岬の近くで撃沈《げきちん》された。それはシュバイツァーがなんども利用してヨーロッパとアフリカのあいだを往復した船であった。この沈没によって多くの人びとが死に、病院に到着するはずであった薬品や手術材料などの荷物も失われた。

戦火はしだいに、アフリカの原始林にも広がってきた。一九四〇年の一〇月と一一月には、ナチスに屈服したヴィシー政府軍とそれに反対するド＝ゴール将軍の軍隊とが、ランバレネ占領をめぐって戦った。しかし、幸いにも両軍司令官が、飛行部隊にドクトルの病院には投弾しないように命令した。両軍のあいだには、しばしば激しい砲火がかわされた。病院では無数の流弾にたいして、ランバレネに面した建物の壁を厚い波形のトタンでおおってふせいだ。まもなく、ド＝ゴール軍がランバレネを占領し、この地方は連合国軍側の支配下にはいった。

シュバイツァーとヨーロッパに故郷をもつ人たちは、いつも故国のことを案じていた。そんな日々を送っていた一九四一年八月、とつぜん夫人がランバレネに到着した。夫人は南フランスを脱出してポルトガルのリスボンから乗船し、アンゴラに上陸し、陸路でコンゴを通って到着したのであった。シュバイツァーは夫人の到着をまったく予期していなかっただけに、この「奇跡」をとても喜んだのだった。

戦争はつづいた。病院の薬品は減っていった。このころ、イギリスとアメリカへの郵便が可能になった。シュバイツァーの窮乏を知ったイギリスの知人たちは、再び寄付を送りはじめた。アメリカの「キリスト者医科海外事業協会」の秘書から、必要な薬品を送るから、欠乏した薬品と物品のリストを至急送るように連絡があった。シュバイツァーはまたしても救いの手に出あったのである。かれは驚くとともに、深い感動を味わった。それらの薬品は一九四二年五月、まさにランバレネの薬品がつきようとしていたときに到着した。それに多額の寄付金が手に入り、病院はしだいに、多数の患者を収容できるようになった。

戦争は黒人たちにも、過酷な労働を強制しはじめた。日本がゴムの産地であるオランダの植民地を占領したので、ランバレネでは再び、原始林のリアーネからゴムを採取することがはじまった。この労働は、村から遠くはなれた原始林のなかでおこなわれたので、黒人たちはあらゆる悲惨な現象を体験しなければならなかった。多くの患者が、ゴム採集の場所から、回復の見込みのない状態で病院に運びこまれるようになった。

長い戦争で休暇をとれないことは、シュバイツァー夫妻や医師・看護婦たちをひどく疲労させた。かれらは、鉛ででもできているように感ぜられる重い足をひきずって、仕事をつづけなければならなかった。病気にならないように気をつかいながら、かれらは信念と奉仕への決意によって、この困難にたえぬいたのであった。

七〇歳の誕生日

シュバイツァーの日課は、いぜんとしてきびしかった。朝六時四五分、かれの仕事は黒人たちをさまざまな仕事に配置し、指図《さしず》することにはじまった。七時半から八時までに朝食をすませ、それからもう一度黒人たちを招集して、仕事の指図をして道具・材料などを渡した。そして建築や農園などの仕事の監督をつとめ、一〇時から一二時四五分までは病院で治療に従事した。それから昼食、午後二時まではいっせいに昼寝をするのだった。午後は再び戸外で黒人たちの仕事の監督をしながら、

ネコにえさをやるシュバイツァー

ときにはみずからも働くのだった。五時ごろ、農園の仕事の成果を検査し、それから六時半まで病院で患者の世話をした。それをおえてから夕食まで一時間ほどが、オルガンの練習であった。夕食後は特別の仕事がなければ、手紙を書いたり、哲学上の仕事、勉強にはげむのだった。夜一一時三〇分ごろ、石油ランプをもって病院へ行き、患者のようすをみてまわった。それから夜半まで、あるいは時には夜半すぎまで仕事をつづけたのである。大戦のために医師や看護婦を交替させることは不可能であったから、かれの仕事を少なくするわけにはいかなかったのである。

一九四五年一月一四日、シュバイツァーは七〇歳に達した。イギリスのシュバイツァー病院の後援会は、この誕生日を祝して会報を発行した。また、イギリスBBC放送は、かれの特別放送をおこなった。世界の国々は新聞の社説・放送・説教などを通じて、原始林に奉仕する一医師の偉大な生涯を、人びとに伝えた。しかし、シュバイツァーは、この日も仕事を休むわけにはいかなかった。朝、ヘルニヤの手術をおこなうほど、かえってふだんの日課以上の仕事をしなければならなかったのである。その夜、白人の患者と病院で働く医師や看護婦たちは、BBCと特別放送を聞くためにラジオのそばに集まった。とつぜん、シュバイツァーの伝記が述べられ、オルガン曲のレコードがそれにつづいた。アナウンサーは、「シュバイツァー博士は、この放送を、いまランバレネで聞いていています」といった。

だが、まだ戦争はつづいていた。ランバレネで聞くことのできるニュースも、暗いものが多かった。捕虜収容所の悲惨な状態とか、ユダヤ人の迫害、爆撃などの話であった。シュバイツァー夫妻は、エルザスのことがとても心配だった。最初に聞いた情報では、エルザスが非常な危険にさらされているとのことだった。エルザスにおける激戦のニュースは、夫妻の苦痛をより深刻なものとした。しかし四〇年三月のパリ発の電報は、ミュンスタータールの村々が、幸運にも全然損害をうけなかったことを知らせた。夫妻は、故郷がもう廃虚になったであろうと思っていただけに、このニュースは、信じられないほどの喜びであった。シュバイツァーは、夢みているかのように、あたりを歩きまわって落ちつかなかった。

一九四五年五月七日、シュバイツァーが急用の手紙を書斎で書いていたとき、ラジオをもった白人の患者が窓の外にあらわれ、ヨーロッパで休戦条約が成立したことを告げた。戦争はおわったのだ。五年八か月間にわたる長い苦しい戦争がおわったのだった。

ちょうどこのころ、シュバイツァーは、中国の老子の金言集を読んでいた。戦争終結の報告を聞いた晩、かれは書棚からその本をとりだして読んだ。それにはつぎのような文句が書かれていた。「武器はわざわいに満ちた道具であり、高貴な人間のためのものではない。このような人は他に頼るべきものがない場合にのみこれを用いる。……静寂と平和が、かれにとって最高のものである。」

この夜、かれは、老子のこの言葉を深い共感をもって味わいながら、「生命への畏敬」の意義をますます確信するのであった。

大戦後の病院

シュバイツァーは戦争がおわったので、すぐに医師と看護婦が手伝いにくるだろうと、期待していた。しかしまもなく、この期待をあきらめなければならないことを知った。なぜなら、ヨーロッパでアフリカへの旅行を申請した看護婦たちが、申請と船や飛行機の席を予約するのに数か月かかることを、知らせてきたからであった。

大戦後、ランバレネでも物価の騰貴《とうき》がはじまった。このことは病院にとっても大きな負担を意味した。バナナやマニオクの値段が高くなっただけでなく、他の食糧も値上がりした。したがって、医療助手や耕地の労働者の賃金も、値上げしなければならなかった。

一九四四年夏、乾季に雨が降った。そのため黒人たちは、耕地の植えつけを怠ってしまったので、またもバナナとマニオクが欠乏しはじめていた。幸い、病院は物価の騰貴を予想して米を早く購入しておいたので、患者と病院の人びとを米で養うことができた。しかし、それらの米がいつまで保つかは、シュバイツァーにとっても不安の種であった。かれには、病院の経営は、将来ますます困難になるように思われた。

戦後、シュバイツァーの名は世界じゅうに知られるようになり、寄付金も多く集まるようになった。それでシュバイツァーは、古い医師や看護婦を、休養のため帰国させた。しかしかれ自身は、新しくランバレネに到着する人びとを指導するため、そこに残らなければならなかった。

一方、シュバイツァーの名声がひろがるとともに、ランバレネを訪れるジャーナリストも多くなった。あるヨーロッパのジャーナリストが、ランバレネを訪問したときのことである。かれは病院の四マイルの下流で、病院から出迎えをうけた。しかし、出迎えたのはライ患者で、病院までカヌーをこいでくれた。そのジャーナリストはライ患者の出迎えに驚き、シュバイツァーに気持ちがわるかった、といった。すると、シュバイツァーは平然として、つぎのようにいった。「なんですって、なれれば平気ですよ。人間は単純でなければダメです。たいせつなことは、人間が何のために生きるかということにかかっているのです。今日ではたいていの人が、何かに対抗して生きていますがね。」

また、訪問した人びとは、シュバイツァーが建築・大工仕事や、耕作の監督などをしているのをみて、もっと重要な仕事、たとえば、病院の管理とか、文化哲学などの著作活動とかに専念したらよいのではないか、と思うのだった。この点については親しい人びとでさえ、そう思うほどだった。それで、思いきってだれかが、「お身体をいたわられるように」と希望を述べた。かれは答えた。

「なぜです？　わたしは何でも楽しくやっているのです。もちろんはじめは、こういう重要でない仕事にいらだったものです。だが、わたしは、長い経験を通して、日常生活のために犠牲をはらうことはたいせつなことだと悟ったのです。釘をまっすぐに打ちこんだり、一片のトタンを張るのを手伝うことは、一種の創造的な満足をあたえてくれるものです。」

ランバレネの病院における戦後の一番の大きな問題は、ライ患者をどうするかにあった。病院はライ患者をつねに二〇〇名も収容するほどであったから、そのことは、病院には、以前のほとんど二倍にも匹敵する大事業となっていた。シュバイツァーは大至急、ライ患者のための病舎をつくる必要にせまられていた。そのうえ、戦争中アメリカで発見された新薬を、これらの患者にもぜひあたえるべきだと信じていた。そこで最初は、病院の近くの丘の上に、竹小屋の部落をつくることにした。再び、シュバイツァーは建築の監督に従事しなければならなかった。しかしこうした竹小屋は三年しかもたず、しかも、雨を通してしまう欠点があった。

かれは、ライ患者の病舎を永久的な建物にするかしないかで、迷いつづけた。三年後の春、ついにライ村を永久的建築物にすることに決め、さっそく工事の地ならしにとりかかった。この年（一九五三年）一〇月、ノーベル平和賞があたえられることになり、その賞金によってライ病舎はすべてコンクリート土台、トタンぶきにすることが可能になった。

アメリカ旅行

一九四八年一〇月、ようやく古い医師や看護婦たちの休養もかたづき、シュバイツァーがランバレネをはなれることができるようになった。かれはギュンスバッハに帰り、夫人のもとで身体を休め、そのあとチューリヒ湖畔のメンネドルフに娘レーナを訪れて、孫たちにはじめて会うことができた。娘レーナは、大戦中スイスのオルガン製作者と結婚して、もう子どもを生んでいたのである。夫妻はかわいい孫の顔をみて、心からその健康を願うのであった。

翌年の六月、シュバイツァーは夫人を伴ってアメリカに旅行した。かれは、最初アメリカへ旅行する気になれなかった。それは距離的にはなれていることと、アメリカという国の観念とからであった。しかし、第二次世界大戦中と戦後に、アメリカからうけた援助は大きかった。それらを善意から寄付してくれた人びとに、感謝する義務があった。そう思いながらもかれは、アメリカからの招待に応ずる気になれず、躊躇《ちゅうちょ》していた。だが、アメリカのジャーナリストがランバレネを訪問して、アメリカの人びとが病院に大きな関心を払っていることを告げ、アメリカでも「生命への畏敬」が興味の対象となっていることを話した。

ちょうどそのころ、シュバイツァーは、ゲーテ二百年準備会主催でおこなわれるコロラド州のアスペンの式典に、講演するよう招待された。その招待は、旅費別で謝礼六一〇〇ドルというものであった。シュバイツァーはこの招待をまじめに考えた。講演には数か月にわたる準備が必要であるが、それは大した問題ではなかった。問題なのは六一〇〇ドルという謝礼であった。これだけあれば、ライ患者のための新しい病棟が建てられる。ついに、かれは、またもゲーテに新しい病舎を建ててもらうことにし、アメリカ行きを決心したのであった。

こうして、シュバイツァーは、コロラド山脈の高い峰みねにかこまれているアスペンの会場に、到着した。かれは最初の日はゲーテの講演をフランス語で、二日後にはドイツ語でおこなった。講演がおわったとき、多くの人びとは、宗教的感激をうけたかのように黙って立ちつくした。人びとの胸には、いま話したのはだれだったのか、ゲーテ自身か、シュバイツァーであったのか、という疑問がわくほどであった。明らかにそのとき語ったのは、両者であったと考えてよいであろう。

そのあと、大ぜいの人びとがかれに会うために、舞台裏で待っていた。それらの人びとは有名人と握手するためか、サインをもらうためであった。シュバイツァーは、こういう群衆というものに決して好感をもっていなかった。が、それでもがまんして、親しさをこめて接し、社交上の慣習にしたがうのであった。

このアスペンには、各国から有名な科学者・哲学者・詩人などが集まっていた。そこで食事をしていたときのことであった。シュバイツァーは、二、三人の親しい人たちとランバレネの話をしていた。そこへ若い新聞記者がとびこんできて、「生命への畏敬とはアフリカの偉大な哲学者にとってではなく、アメリカの平凡な男女にとってどういう意味をもつのですか」と質問した。シュバイツァーは簡単なわかりやすい例で説明した。しかし、その記者はそんな答えでは満足せず、なんども同じような質問をくりかえした。明らかに記者は、記事の材料をほしがっていたのであった。一時間も問答がくりかえされているうちに、食事はすっかり冷えてしまった。とうとうシュバイツァーはがまんできなくなり、きっぱりといった。「生命への畏敬とはあらゆる生命に畏敬を感ずることです。わたしも一つの生命です。だから、あなたもすぐこの理念を実行できるでしょう。」

その瞬間、若い記者はぎょっとしたが、やがて大声で笑うと、陽気にかれの肩に手をおき、別れの挨拶をして立ち去っていった。若い記者は、さめた食事とシュバイツァーの言葉から、何かをつかむことができたのである。

ノーベル平和賞をうく

一九五三年一〇月一一日、医師として赴任《ふにん》してまもないシュバイツァーの甥《おい》が、ラジオを聞いていた。すると、ブラザビルの放送は、アルベルト＝シュバイツァーがノーベル平和賞に決定したと報道した。かれは急いで伯父の働いている部屋にかけこみ、「おめでとうございます」と叫んだ。シュバイツァーは顔をあげながら、「とうとう黒猫が子を生んだのだね」といった。「いえ、猫のことではありません。伯父さんがノーベル平和賞をうけることになったのです」「冗談《じょうだん》じゃないよ!!」シュバイツァーは信じなかった。

しかし、翌日、祝電が全世界からランバレネ病院に殺到した。公式の通知もきた。もうかれも信じないわけにはいかなくなった。電報は各国の大統領・国王・友人たちから送られてきた。西ドイツ大統領はシュバイツァーに敬意を表するとともに、ノーベル平和賞が政治家や国際法学者ではなく、「生命への畏敬」を説き、かつみずから実践している人間にあたえられたことを喜んだ。

偶然そのとき、ランバレネに取材していたドイツのジャーナリストが、ドクトルにたずねた。「ノーベル賞の賞金を何に使いますか。」「もちろんランバレネの病院を完成することに使います。」シュバイツァーは喜びをかみしめながら答えた。かれは賞金をライ患者の病舎のセメント・堅材・波形トタンなどの購入に使うことを考えていた。

だが、ノーベル平和賞の名誉をうけたことは、かれに多くの過労を強いることになった。各国からジャーナリストがやってきて、かれに会見をもとめ、いろいろな質問をしたり、各国の新聞社が三〇〇語ぐらいの

ノーベル平和賞受賞のシュバイツァー夫妻（1954年，オスロにて）

電報で、記事をもとめてきたりした。それに原稿を書くことの注文が殺到した。シュバイツァーは、ノルウェーの親しい友人にあてて、いなごのようにジャーナリストがやってくるため、眠る時間も三、四時間で満足しなければならないと、苦痛をうったえるのであった。

ノーベル平和賞委員会は、シュバイツァーを一九五二年度のノーベル平和賞受賞者として決定したのであった。同時にアメリカのマーシャル元帥も受賞したが、これには世界各国で反対の声がささやかれ、ノルウェーのオスロでは反対のビラがまかれるほどであった。

一九五四年一一月四日、オスロ市の大学講堂で、受賞記念の平和講演会がおこなわれた。このころ、ノルウェーの二つの新聞社が、「ランバレネにノルウェーの病舎」をモットーに、募金をはじめていた。これは、最後にはノーベル賞の賞金をこえるほど集まり、人びとは「ドクトルは二度もノーベル賞をもらった」と喜んで話しあった。また、オスロ市の書店にはシュバイツァーの著書がならび、映画館では「ドクトル、真夜中だ」という伝記映画が上映された。

講演の日には、ふだんは五〇〇人しか入場できない講堂に、一五〇〇人の聴衆が集まり、シュバイツァー夫妻の入場を心から拍手で迎えた。やがて国王が王女とともに入場し、ノーベル賞委員長の挨拶のあと、シュバイツァーが登壇して、四五分にわたる講演をおこなったのである。そのときの講演の題目《テーマ》がつぎに述べる「現代における平和の問題」であった。

現代における平和の問題

「わたしはノーベル平和賞受賞者として、現代世界における平和の問題をお話ししたい。この問題は、賞の創立者ノーベル氏も、深く関心をよせられたものであった。

わたしはこの講演を、現代の世界情勢の説明からはじめたい。二つの大戦後、政治家たちは苦心してこんにちのような情勢をつくりあげたが、それは決して未来の繁栄を約束するようなものではない。なぜなら、かれらは戦勝国の立場からのみものごとを判断し、行動したからである。したがって、公正にして合理的な事態をつくろうとする熟慮に欠けていた。かれらは勝利国のあいだで意見や利害が対立したとき、さまざまな外交によって必要な妥協を成立させることに努力したにすぎない。

このようにこんにちの世界情勢が不安定になった原因は、歴史的事実と正義と合理性とに十分な考慮を払わなかったからである。ヨーロッパの歴史の問題は、先住民族とあとから移住してきた民族との争いであり、時代が進むにつれ、それは共存という形をとった。とくにヨーロッパの東部と東南部では共存している諸民族が融合しないうちに、民族主義の動きが高まり、これが第一次世界大戦の原因となった。つまり二つの民族が、同じ一つの国土にたいして歴史的権利をもっているとき、その権利はつねに相対的なものであるが、それを無視して一方の権利だけを承認しようとしたばあいに戦争が起こるのである。

また第二次世界大戦後も講和条約が締結されなかったのは、残念なことであった。大戦は休戦という形で停止し、講和という平和の回復によって終結しなかった。

現代はまだこのような不安な状況にある。そのうえこんにちの平和を特殊なものにしているのは、戦争の性格が変化したことである。現代の戦争は大規模な殺戮《さつりく》と破壊の手段で遂行される。かつて戦争は、一つのわざわいであるが、進歩に役だつ必要悪として考えられたことがあった。しかし二度の大戦を通して、戦争を是認することがいかにまとはずれで、愚かなことであるかが明らかとなった。これらの大戦で人びとは、戦争の非人道性と悲惨さを苛酷なまでに体験したのである。

したがって、われわれは、この恐ろしい戦争をふせぐどのような試みも、怠ってはならない。とくに戦争にたいする反対は、倫理的理由からおこなわれなければならない。われわれは二度の大戦において、恐ろしい非人道性の罪を犯したのであり、これを再びくりかえしてはいけない。むしろ戦争の存在しない時代を実現するように意欲し、奮起することがたいせつなのである。そのためには、われわれは、新しい精神によってより高い理性を獲得しなければならない。われわれは精神に期待しなければならない。精神はヒューマニティー思想を生みだし、その思想から、より高い人間存在への進歩のすべてが発せられる。諸国民の相互理解をさまたげる悪い意味での国家主義や民族主義も、ヒューマニティー思想によって超克《ちょうこく》できるのである。

わたくしは平和問題について、特別新しいことを述べるのではない。ただつぎの信念を述べたいのである。平和問題の解決は、戦争を、それが人間を非人間化するという倫理的理由から拒否することによって、可能になるという信念を。これは、人文主義者のエラスムスとかれにつづく人たちが、真理として告げたことであった。

精神によって平和を愛する気持ちが諸国民のあいだに強まることによって、国際連合のような機関も、期待される使命を果たすことができるのである。

願わくば、諸国民の指導者たちが、現在の状況をいっそう困難にし、危険にするようないっさいのことを回避することを。そして使徒パウロの「あなたがたは、できるかぎりすべての人と平和にすごしなさい」という言葉を心にとめることを。願わくば、かれらが平和維持のために手をとりあってできるかぎりの努力をし、精神が力を獲得して、その働きを発揮できるように時があたえられることを。」

原爆の実験禁止をうったえる

一九五七年四月二三日、シュバイツァーはノルウェーのオスロ放送局から、原爆実験の中止をうったえるアピールを全世界に向けて放送した。これはかれ自身の発意によるもので、ノルウェー語・英語・ドイツ語・フランス語・ロシア語の五か国語でおこなわれた。かれはいまや原爆実験による大気汚染が、人類の滅亡さえ導くほど危険なものであることを諸国民にうったえ、実験中止を要求する世論を形成しようとしたのであった。このアピールは内容的には特別新しいことを述べてはいないが、原爆の実験から生ずる危険をわかりやすく説明している。その要旨はつぎのようなものである。

「一九五四年五月以降、水素爆弾の実験がアメリカとソヴィエトによっておこなわれた。そのときわれわれは、この実験が以前の兵器のばあいと別種のものであることを知った。水素爆弾のばあいは、無数の放射性元素の微粒子が大気中に残って、放射線をだしつづけるのである。

この実験いらい、医学や物理学の専門家たちが、放射能の影響を研究してきた。この資料によれば、いままでの原爆実験によって生じた放射能は、人類にとって重大な危険をもたらすものであって、これ以上実験がつづくと人類の滅亡さえ導く危険がある。

こうした専門家の警告はしばしば発表されてきたが、不思議なことに世論にまで高まっていない。それゆえ、わたくしも警告者の一人として発言したい。

原子爆弾にはウラン爆弾と水素爆弾の二種類があり、さらに最近、その作用は水素爆弾の数倍といわれるコバルト爆弾がつくられた。原子爆弾は、爆発すると、多くの放射性元素の微粒子を生ずる。これらの元素は短いものは数時間、長いものは数万年後まで変脱《へんだつ》しながら存在する。それらは雨や雪にまじって陸上・川・海などへ降ってくる。この放射能は皮膚に浸透するほど強くないので、外からは何の害もあたえない。しかし放射能を呼吸で体内に吸い込むと、非常に危険なことになるのである。したがって現在もっとも憂慮すべきことは、空気中の放射能の度合いが増した結果、放射能を含む水を飲んだり、放射能のある食物を食べるという危険が生じたことである。

ある場所の大気に放射能があると、その地域の土地も放射能をもつことを意味し、その土地に成長している植物も放射能をおびてくる。さらにこれらの植物を食べる動物や人間も、放射性元素を体内に摂取することになる。この放射性元素は、体内にはいると、特定の場所に沈着する。人間ではとくに骨組織・脾臓《ひぞう》・肝臓《かんぞう》などである。その結果、これらの部分は、長い期間放射をくわえられ、傷ついてしまうのである。放射性元素の体内での放射は、どれほど有害であろうか。それはおもに、血液の病気をもたらし、しかも重症で死ぬことさえまれではない。この病気の例としては、ビキニの近くで水素爆弾の灰をあびた日本の漁夫があげられる。

また放射能はわれわれの身体を傷つけるだけではなく、子孫の健康にも影響をおよぼすのである。なぜなら、生殖器官の細胞はとくに放射能に敏感だからである。それゆえ、放射が長期間にわたると、子孫の健康を傷つけ、ひどいばあいには死産や奇形児出産ということさえあらわれるのである。

われわれは放射能の危険を認識するとともに、手遅れにならないうちに無思慮の状態を脱して、現実と対決しなければならない。

原爆実験をおこなっている国の政治家たちも、同じように心の底では考えている。それではかれらは、なぜ原爆実験中止の協定を結ばないのか。その理由は、その協定をもとめる世論が日本以外に存在しないからである。この協定は、信用と信頼とを必要とし、関係諸国の世論によって促進され、認められなければならない。世論の存在こそ、この協定を結ぶことを可能にする。

原爆実験の停止が実現するならば、それは人類にとって、希望の太陽のさしのぼる夜明けとなるであろう。」

ヘレーネ夫人の死

一九五七年五月、シュバイツァー夫人は身体の衰弱がひどく、暑さにたえられなくなったので、看護婦に付き添われてヨーロッパに帰った。しかし夫人はついに回復することなく、六月一日、スイスのチューリヒで死亡した。七九歳の高齢であった。

シュバイツァーは、ヘレーネ夫人のことに関して、自叙伝やその他の著作においてもほんの数行しか書いていない。このことは、夫人の協力と援助の大きかったことを考えると、奇妙に思われるほどである。だが、それは少しも不思議なことではない。シュバイツァーにとって、夫人は、紙上で語る必要を感じないほど密接な理解者であり、協力者であったのだ。

夫妻は、シュトラースブルクのサークルではじめて出あっていらい、長い年月、苦楽をともにした。おたがいを励まし慰めながら、病院を維持し、理想主義をつらぬいてきた。

ランバレネで夫人の死を知ったとき、どれほどにか深い悲しみが、シュバイツァーをおそったことであろう。同時に、いままで夫人とともにたどって来た生涯の美しくかつ苦しかった思い出のかずかずが、脳裏《のうり》をかすめたことであろう。

かの女といっしょにエルザスの村や森を自転車でかけめぐり、談笑のうちにすごした楽しい思い出。静かにオルガンのそばにすわり、音をあわせるのを手伝ったり、バッハの音楽にじっと耳を傾けてくれた時のこと。研究と講義と説教に追われて疲れきったかれを、慰め励ましてくれた医学生時代。アフリカへ出発前のあわただしい結婚式。二人ではじめてオゴーウェ川をさかのぼったときのすばらしい光景と感動。鶏小屋を診療室として働いた、最初のころのランバレネの思い出。第一次世界大戦中における捕虜収容所での苦しかった日々。スウェーデンへの旅から帰って再びアフリカに向かったかれの留守の淋しさを、たえてくれたこと。アメリカへの講演旅行。ノーベル平和賞をオスロでうけ、人びとに祝福された忘れがたい思い出。これらすべては、夫人との結びつきのうちに、なつかしく思い出されるのであった。

晩年の夫人は髪も真っ白になり、白人には珍しく腰が曲がっていた。でも、顔はつやがあって美しく、大きな目は遠い未来を夢みるごとく輝いていた。夫人は老人性の神経痛に苦しみ、ときどき両手がふるえたし、階段ののぼりおりにも苦労していた。だから、シュバイツァーが村の教会などで演奏するために階上にあがるとき、いつも階下の腰掛けにすわって聞いていた。それに夫人は花を愛し、ランバレネの病院にはたくさんの花を植えていた。

ヘレーネ夫人の墓

日本人としてはじめてランバレネを訪れ、シュバイツァーの下で働いた野村實博士は、夫人と話したことがあった。そのとき、夫人は、日本のことをたずねたり、ランバレネの昔話や結核の減塩食療法などを話したということである。

シュバイツァーは、夫人の死について、野村博士あての手紙で、つぎのように述べている。

「わたしの妻の死を、多分あなたはご存知でしょう。……それは美しい静かな死でした。わたしたちはみんなかの女の死を悲しんでいます。わたしは妻が、生涯のさいごをランバレネですごしたことを、うれしく思っています。妻の骨は、エンマ嬢と同じように、わたしの家の前の椰子の木の下に葬るでしょう。」

八二歳のシュバイツァーは、かれの半身をなしてきた最愛の夫人を失った悲しみを抱きながらも、暑いアフリカの病院で、毎日、仕事に専念しつづけるのだった。

シュバイツァーが夫人を病院の協力者として考えていたことを示すものに、A・S・Bという記号がある。これはアルベルト＝シュバイツァー－ブレスラウの略号で、アフリカの西海岸のどこにでも通用する病院の記号である。すなわち、A・S・Bはランバレネの病院が、二人の手によって計画され、経営されたことを示すものであった（「ブレスラウ」は、ヘレーネ夫人の旧姓）。そしてこれは、世界の各地からランバレネの病院に送られる荷物につけられるだけでなく、病院のすべての品物につけられるものであった。夫人にたいするシュバイツァーの愛情は、こうしたところにも光っていたのである。

八五歳の誕生日

シュバイツァーは、八五歳の高齢に達しようとしていた。それでもかれは、いぜんとしてランバレネにとどまり、病院の仕事をつづけていた。夫人が他界してから、早くも二年以上の月日がすぎていた。

誕生日のお祝い

一九六〇年一月一四日、シュバイツァーは八五回目の誕生日を迎えた。ランバレネの飛行場には、普通であれば一機か二機しか着陸しないのに、一三日には四機の飛行機がついた。これらの乗客は、みんなシュバイツァーの誕生日を祝福するために、遠路をやってきたのであった。

誕生日の朝、七時半になると、白人の勤務員たちがシュバイツァーの部屋の前で、賛美歌を合唱しはじめた。それがおわると、かれらは一人ずつ部屋のなかにはいって、お祝いの言葉を贈った。外では黒人の勤務員が、花やとうもろこしや卵などをもって待っていた。シュバイツァーがそれらの贈り物を喜んで受け取って食堂に向かうと、そこにはすでに大小のロウソクがともされ、贈り物が山と積まれていた。かれがそれらの贈り物に感謝してお礼を述べると、ケーキがとりまわされた。

昼にはボストン大学の総長などが来客として食卓にならび、再びお祝いの挨拶がかわされた。そのごシュバイツァーは、これらの人びとに、ギュンスバッハでの幼い日の思い出や、初期のランバレネ病院での苦心などをなつかしげに話すのであった。こうして八五歳の誕生日は、多くの人びとの祝福のうちに幕を閉じたのである。

しかし、誕生日のお祝いは、まだ完全におわったのではなかった。誕生日がすぎたあとも、お祝いの電報や手紙がぞくぞくランバレネに到着し、シュバイツァーや秘書たちはその整理に追われるのであった。

またこの当時、日本人の医師高橋功博士が、ランバレネの病院で働いていた。高橋博士は六月八日に誕生日を迎えたが、そのときシュバイツァーは、誕生日を祝してつぎのように述べた。「わたしが親しく文通した最初の日本人は内村鑑三であり、そのつぎは賀川豊彦であった。そのころ、よもや日本からランバレネに手伝いにきてくれる人があるなどとは考えもしなかった。大戦後、野村實がその道をひらき、それを高橋がさらに強固なものにした。わたしは日本人の内面性と誠実を高く評価している……。」と。

六月をすぎると病院は訪問客が多くなった。欧米では六月から九月まで学校が休みになることと、一般の人びともこの季節に休暇をとって旅行をするからであった。アメリカからは、三〇人や四〇人の団体客がやってきた。なかには、たんなるもの珍しさからおもしろ半分に病院を訪れ、黒人に金銭をばらまいて楽しむような人間もいた。しかし、シュバイツァーは来る人びとを歓迎し、できるだけ暖かくもてなすのだった。

七月になると、シュバイツァー待望の孫娘たちが、ヨーロッパからやって来た。これらの孫たちとの語らいは、かれの大きな楽しみの一つだった。今回は孫娘のクリスチァーネとカタリーナが、夏休みを利用してやってきたのである。スイスのオルガン製作者に嫁いだ娘レーナには、一人の男児と三人の女児があった。

クリスチァーネは、その次女で、将来女医となってランバレネにくることを希望している。ピアノの上手なおとめであった。三女のカタリーナは、理知的なかわいい少女であった。

シュバイツァーは、これらの孫娘たちを出迎えるときはいつもうれしさをかくしきれず、そわそわしているのであった。孫娘たちと語りあうときのかれは、祖父としての暖かい思いやりに満ちあふれていた。

密林の聖者の死

ランバレネは文字どおり、赤道直下の猛暑の地であった。川のほとりにありながら、病菌が多いので水は思うように使えず、日常の水は雨水や川水を濾過《ろか》して使っていたほどである。そういう自然のめぐみのうすい土地でありながら、シュバイツァーの病院では精神が物質を圧倒していた。四〇年以上もまえに建てられた建物は古く、粗末になっていたが、そこにはドクトルの豊かな精神があふれ、清らかで平和な雰囲気が満ちていた。

シュバイツァーは八〇歳以前から、自分の死について親しい人たちに話していた。かれは「死」が訪れるまでに、文化哲学に関する第三部完成の時間がえられることを欲していた。第三部を完成してから安らかな死が訪れることを願っていたのである。かれのユーモアは、つぎのような空想を生みだし、まわりの人びとをよく笑わせた。「奥地の食人種の友人たちに食われ、そして自分が食われたあと、その友人たちが作ってくれる墓碑銘《ぼひめい》には、《おれたちは食った。ドクトル＝アルベルト＝シュバイツァーを。かれはさいごまですばらしかった！》ときざまれる……」と。

シュバイツァーがランバレネにきてから、はやくも五〇年の年月がすぎていた。かれは九〇歳となった。シュバイツァーは、老いてますますこの赤道アフリカを、ランバレネを、黒人たちを愛した。このランバレネの土地はかれにとって安住の地となり、ここに骨を埋める気持ちはしだいに強まっていた。かれはまさにこの土地に根づいたのである。

死が訪れた。一九六五年九月四日午後一一時二四分、アルベルト＝シュバイツァーはランバレネの病院の小さな病室で、九〇年にわたる偉大な生涯をとじた。死因は、老衰による脳血行不全であった。

シュバイツァーはその一週間ほどまえから、身体のぐあいがわるく病床についていた。四日夜、かれは周囲の人びとの祈りと願いもむなしく、静かに息をひきとった。その顔には苦痛の影はなく、尊厳さと安らかさにあふれていた。死の直前、付き添いの看護人がひくバッハの曲に、意識をとりもどしたかれは、目をひらいて何かつぶやいていた。が、その言葉はほとんどききとれなかった。静かなバッハの曲が流れているうちに、かれの目は再びとじ、永遠の眠りについたのである。

シュバイツァーのそばには、令嬢レーナ＝エッケルト夫人と病院の協力者が祈りをつづけていた。病室の外では、何百人もの黒人たちが暗やみのなかで立ちつくしていた。

五日午前五時半、はじめてドクトルの死を告げる鐘が、あたりの静寂さに響きわたった。人びとはその一週間、ドクトルの死を予想してはいたが、いま、その時がきても、死という現実が信じられなかった。悲しみにつつまれた人びとは、列をつくって遺体の安置されている部屋にはいり、別れの挨拶をするのだった。

葬儀は五日午後三時からおこなわれた。ガボンの首都リブルヴィルからは、葬儀に列席しようとする人びとの車の列が延々とつづき、はしけは満員であった。遠い奥地からカヌーでやってくる者も列をなした。黒人たちにかつがれた博士の遺体は、多くの人びとの見守るうちに、病院の敷地内にある夫人の墓のかたわらに埋葬された。白い顔にも黒い顔にも、老人にも子どもにも、男にも女にも涙があふれ、あたりは偉大な指導者を失った衝撃の強さに、うちひしがれていた。

翌日、世界各国のあらゆる報道機関は、シュバイツァーの死を告げた。この訃報《ふほう》が世界にとどくのと同じころ、世界情勢は深刻化していた。領土をめぐるインドとパキスタンの武力抗争、ベトナム戦争、中国問題等々、東西の緊張は極度に高まっていた。しかし、シュバイツァーの死は、そうした対立・抗争をこえて、世界の人びとの胸をゆさぶった。アメリカのジョンソン大統領は、「世界は真に世界的人物を失った」との声明を発表した。またモスクワ放送も、シュバイツァーが核兵器禁止や軍縮を力強くうったえたことを、賞讃した。かれとほぼ同年配で、核兵器禁止や平和運動に精力的に働いているイギリスの哲学者、バートランド＝ラッセルは、つぎのように追悼《ついとう》した。

「真に善意・献身の人はまれである。われわれの時代は、そういう人を理解するには適していないし、またそういう人びとに値いしない。シュバイツァー博士はまことに善意と献身の人であった。」

このように、世界中にシュバイツァーの死をいたむ声が聞かれた。国際情勢の悪化・複雑化、社会の巨大化・機械化、そんなときこそ、シュバイツァーがもちつづけた良心と正義が必要なのである。

密林に住んで五〇年、かれは「生命への畏敬」をモットーに、ランバレネにヒューマニズムの灯台をたて、その光をより明るくし、より遠くへおよぼしていった。医師として、大工として、建築現場の監督として、農園栽培の指揮者として、哲学者として、密林にバッハやメンデルスゾーンの曲を響かせるオルガニストとして、戦争反対・平和主義者として、かれは精力的に働きつづけた。原始未開の黒人にたいして、かれはきびしい父であり兄であった。あるときは、親しい友人であり、仕事の仲間であった。かれは黒人たちの健康だけでなく、魂までも救った。魂はたんなる知識だけでは救えない。そこには、シュバイツァーの海のように広い人類愛がある。かれによって、五〇年にわたる献身と奉仕の、現代の奇跡ともいうべき大事業がなされたのである。

世界の一部では、シュバイツァーのやりかたは前近代的であり、かれは独裁者であるという非難と誤解もあった。しかし、シュバイツァーの精神は不滅であり、かれは「密林の聖者」の名に値いする永遠の人である。

密林の聖者、シュバイツァーは、その偉大な一生をおえたが、かれの精神は生きている。後継者レーナ＝エッケルトと医長ルター＝ムンツは病院の近代化につとめ、より実りのある事業にしようと努力している。シュバイツァーのまいた一粒の麦は、これからも世の人びとに大きな収穫をもたらしつづけるであろう。

Ⅱ シュバイツァーの思想

著作について

シュバイツァーの思想は、いわゆる哲学者の思想にみられるような、厳密な学問的理論体系ではないし、たんなる観念形態でもない。それは、なによりもかれ自身の生きかたと密接に結びついたものであった。それゆえかれは、空虚な観念をもてあそぶことを嫌った。自己の思想をただちに実践へと移すことを望み、かつ実際に移したのである。ただシュバイツァーは、後半生をランバレネの病院ですごした関係上、専門的著作をあまり多く残していない。つぎにかれの著作を、神学・哲学・音楽の分野にわけて概観してみよう。

神学の分野では、かれは、一八世紀・一九世紀にあらわれた「イエス伝」を批判し、いわゆる徹底的終末論によってイエスの生涯と思想を再構成した。その終末論とは、イエスの思想や行動は、きたるべき世界の終末とそのとき実現する超自然の神の国への期待によって決定されていた、というものである。シュバイツァーはこの立場からイエスとパウロの思想をとらえ、とくにイエスの生涯を近代的に解釈することに反対した。著作としては、『イエス伝研究史』、『メシア性の秘密と受難の秘義』、『使徒パウロの神秘主義』などがあり、新約学に大きな影響をあたえた。これらの著作は神学の専門的知識を必要とするので、わたしのこの小著では、ふれないことにした。

哲学の分野では、シュバイツァーは、学位論文『カントの宗教哲学』によって注目された。のちの文化哲学に関する著作では、かれは、世界と人生との肯定と倫理とを包含する「生命への畏敬」の理念を説明している。文化哲学の第一部では、その原理によって現代文化を批判し、第二部では、従来の哲学を批判し、「生命への畏敬」を説明している。それゆえ、文化哲学は、シュバイツァーの中心思想を述べたものといえよう。このほかに、『インド思想家の世界観』などがある。

音楽の分野では、今日まで数十版をかさねている名著『バッハ』がある。これはバッハの音楽を美学的に考察して、音楽における画家としてのバッハ像を確立したものである。そのほかには、『オルガン製作とオルガン技術』、それにヴィドールとの共編『バッハのオルガン作品集』がある。

わたしは、つぎに、シュバイツァーを知るうえで、とくに重要と思われる著作の内容に、ふれたいとおもう。それらを選んだ理由については、そのさいに説明することにする。

植民地アフリカについて

著作解題

わたしはこの表題のもとで、『わが生活と思想より』のアフリカ回想記と、『水と原始林のあいだに』の原始林の社会問題と、『植民地アフリカにおけるわたしたちの仕事』の内容を紹介したいと思う。わたしはそれによって、シュバイツァーの植民地政策にたいする見解や、白人と黒人との関係などについてのかれの態度を明らかにしようとした。その理由は、シュバイツァーがしばしばつぎのように批判され、非難されるからである。

独立運動を推進している進歩派の人びとは、シュバイツァーが帝国主義や植民地政策の本質を理解していないとして、かれを批判する。またある人たちは、ランバレネの病院が、電気などの機械文明を拒否していた関係から、それを「世界一有名で、世界一汚《きたな》い病院」と嘲笑した。さらに一部の人びとは、シュバイツァーを白人優越主義者として非難する。

これらの批判や非難にたいして、シュバイツァーは弁解しなかった。わたしたちはかれの生涯と著作を通して、その真実を理解しなければならないだろう。そのために、わたしたちはかれの生涯を知り、かれの思想を知ることにより、その真意がどこにあったかを、理解することが必要である。

診察を待つ黒人たち

白人には黒人を支配する権利があるか

われわれ白人には、黒人を強制的に支配する権利があるだろうか、とシュバイツァーは、自問する。もしも白人が黒人を支配し、その国土から物質的利益だけを獲得しようとするならば、白人には支配する権利はない。もしも白人が黒人を誠実に教育し、幸福に導こうとするならば、支配する権利はある。ただし黒人のある民族が自力で独立して生活できるときには、白人はその民族を自立させなければならない。

白人の仕事は、黒人を有能な信頼できる人間にすることである。黒人は白人と接していらい、つねに搾取《さくしゅ》されて生きてきた。現在黒人に必要な能力とは、この境遇を黒人自身のために賢明に改造していくことである。この仕事は最近になってはじまったばかりで、黒人の諸性質を発達させるには、これから長い年月を必要とすることだろう。まだ黒人の多くの者には、義務に忠実であること、信頼できること、正直・企画性・独立心などの品性が欠けている。われわれ白人はこれらの品性を、数代にわたる長い発達の過程によって獲得してきた。これらの品性は、祖先が農業や手工業に従事しているうちに自然に形成されてきたものである。

しかし現在の黒人は品性を発展させるには、はるかに不利な環境のもとにおかれている。かれらは手工業と農業の時代ではなく、工業と国際貿易の時代に生活している。いまや国際貿易はその影響力を世界の隅々《すみずみ》にまでおよぼし、原始林にも機械や鉄砲などの物品をもたらしている。

実は黒人たちが独立を失いはじめたのは、世界商業の波がアフリカに押しよせたときであった。かれらは、白人の船が火薬・鉄砲・塩などを積んで到着した瞬間、その独立を失いはじめたのである。酋長《しゅうちょう》たちは交易で武器を獲得し、部下を絶対的に支配するようになった。またときには、黒人は、金・火薬・煙草・塩などの物品と交換に売られることさえあった。世界商業は黒人に近代化の目ざめを促すどころか、かえって自由までうばってしまったのである。

したがって、黒人にとって当面の問題は、貪欲《どんよく》な酋長によって支配されるのと、ヨーロッパ諸国の官吏によって統治されるのと、どちらがよいかということである。もちろん官吏のなかには、未開人の酋長よりも不正や暴力や残忍な行為などをおこなう人びとがいたことは、事実である。こんにちでもなお官吏がそのようなことをなしているならば、許すことはできない。しかし白人のなかにも不正で貪欲な人間がいるからといって、黒人に即座に独立を許すことは、従来の罪ほろぼしの最上の方策ではない。なぜなら、独立と同時に黒人同士のあいだに支配と奴隷化がはじまるからである。

こんにち、われわれ白人がなすべき唯一の賢明な方策は、白人が保持している支配権を黒人のために活用して、この支配権を道徳的に裏づけることである。よく考えてみれば、帝国主義でさえ倫理的な価値をもっていた。それは奴隷の売買を禁止し、未開民族間の争いをやめさせたし、世界商業の搾取から黒人たちを救ったのである。

第二次世界大戦後になると、植民地をもつ強国に期待されたことは、できるだけ早く植民地の人びとに自治をあたえることであった。白人は黒人を統治し指導していくことを断念しなければならないと、考えられた。この新しい理論の登場とともに、植民地政策は好ましくないものとして非難されるようになった。この新しい理論を推進した人びとにはつぎのような確信があった。植民地の黒人は白人によって支配されているから進歩できないのだ。かれらが独立を獲得するならば、そのときこそかれらは、かれらの発展を促す正常な生活を営むことができるであろう、と。

しかし、独立が黒人にとって必要なもののすべてであるとは、思われない。むしろ第一の主要なことは、黒人が白人の文化のなかから有益なものを摂取し、それによって有能な価値ある人間になることである。黒人たちがこのような人間になったとき、はじめて、独立することが必要かどうかを決定すればよいのである。

現代世界の複雑な経済事情を考えると、黒人は、あらゆる点でかれらより有能で、経済力のある大国の援助と指導とを必要としている。それゆえ白人の黒人にたいするつとめは、われわれ白人の支配権をかれらのために活用して、黒人が経済的独立をかちとることができるように指導し、援助することである。

シュバイツァーは、こう答えるのである。われわれは、さらにかれの意見を、聞いていこう。

悲劇的なことは、植民地政策の利益と黒人の利益とが一致しないことである。黒人にとっては、世界商業からできるだけはなれた場所で、半遊牧から定住の農民や職人に発達していくことが望ましい。ところが、植民地政策は、国土の高度の利用のために、多数の人間を動員しなければならない。その政策の目的は、植民地につぎこまれた資本が利益をあげ、本国の必要物資を手に入れ、本国の商品を住民に売ることである。ここで白人の利害と黒人の利害とが衝突する。しかしこの思いがけなく生じた対立は、だれの罪でもない。この対立は土地の事情にもとづくのである。

白人と黒人の対立は、住民が未開で人口が少ないほどはげしくなる。ひどい場所では、植民地政策は文化と住民の保存とを犠牲にしておこなわれる。それゆえ植民地の輸出の増大は、しばしばその住民の生活向上を意味しないで破滅を意味する。

強制労働について

それでは、こんにちさかんに論議される強制労働は認められるものだろうか。

強制労働とは一定の職業に従事していない黒人が、国家の命令で年に幾日か商人や栽培場主のもとで強制的に働くことである。このオゴーウェ川流域では、それはおこなわれていないが、ドイツ領アフリカでは、強制労働が人道的なやり方で実施されている。その結果については、さまざまな意見が述べられている。

強制労働は、原理的には必要であろう。なぜなら、植民地では、強制労働なしでは農場は経営できないからである。たとえば、ある栽培場主がココアの収穫期に労働者に逃げられ、近くの部落から黒人の助力も拒否されたならば、収穫は無になってしまう。それゆえ官吏は、黒人を、収穫期だけその栽培場主のもとで普通の賃金で働くように、強制しなければならないだろう。

しかし一般的に強制労働は、黒人を部落と家族から引きはなして、遠い場所でおこなわれる。そのために面倒なことが生ずる。強制労働中、だれが家族を養うのか。もし黒人が労働中に病気になったら、どうするのか。白人は黒人を、許可された以上に長くひきとめ、酷使しないだろうか。このように強制労働には、一歩あやまると、奴隷制度になってしまう危険性がある。

黒人の家族

したがって、白人はどんなばあいでも、官吏の私用のために黒人を強制的に働かせてはいけない。たとえその仕事が税金のかわりであろうとも、私用のための強制労働は、禁止されなければならない。強制労働が認められるのは、公共の福利事業が政府の監督のもとにおこなわれるばあいだけである。そのばあいでも、つぎの原則のみは厳守されねばならない。

強制労働は国家によって、しかも絶対に必要なばあいにだけおこなわれること。婦人がこれに参加するばあいは、(イ)かの女らの部落が近くにあり、(ロ)農園の仕事が暇で、(ハ)幼児に授乳していないときに、かぎられるべきこと。もちろん、いかなるばあいでも子どもを働かせてにいけない。それに部落から遠くはなれた場所でおこなわれるときは、衛生・食物・住居などについて、万全の配慮がなされなければならない。黒人に労働の速度を強制してもいけない。

またつねに黒人に高い税金を課することが、黒人を働かせる方法だという意見がある。しかしこれはまちがっている。確かに高い税金を課せば、黒人はしかたなく働くであろう。これは一種の間接的な強制労働である。この方法も、黒人を怠惰な人間から活動的な人間に変えることはできない。どんなばあいでも、不正が道徳的な効果をあげることはできない。

教育問題と病気

黒人の教育問題は、経済問題や社会問題と関連しており、しかもそれに劣らず複雑な問題である。文化の基礎は知識ではなくて、農業と手工業である。つまり、農業と手工業とによってはじめて、高い文化のための条件がつくられる。ところが、白人は、植民地の黒人にたいして、農業や手工業ではなくて、読み書きが文化のはじまりであると考えて教育する。そして黒人たちも、そうした教育を要求する。その結果、植民地では、黒人はたんなる読み書きを修得して教育をうけた人物になる。このような連中は、知識を修得すると、農業や手工業の仕事を軽蔑して、役所か商店の事務室でしか働こうとしない。そしてかれらは、望んだところに就職できないと怠け者となり、不平をいいながらぶらぶらして暮らすのである。

したがって、すべての植民地の不幸は、学校を卒業した者が農業と手工業の発達に貢献せず、かえって逆に無能になることである。たとえば、学校教育をうけた黒人は、だれかに木を運ぶのを手伝うように頼まれると、「わたしはインテリです。木を運ぶことはしません」と答えるのである。このように、たんなる読み書きの教育は、決して黒人の文化を向上させないのである。

植民地教育の重要なことは、未開人を農業と手工業から遠ざけないように教育することである。そのためには、知性教育とともに、あらゆる種類の手工業の修得が必要である。植民地の文化にとっては、黒人が読み書きに上達したり、記号で計算できるよりも、煉瓦《れんが》を焼いたり、金づちやノミなどを上手に使えるほうが、はるかに有益なのである。それゆえわれわれ白人は、植民地に普通の教師だけでなく、職人の教育者も派遣すべきである。

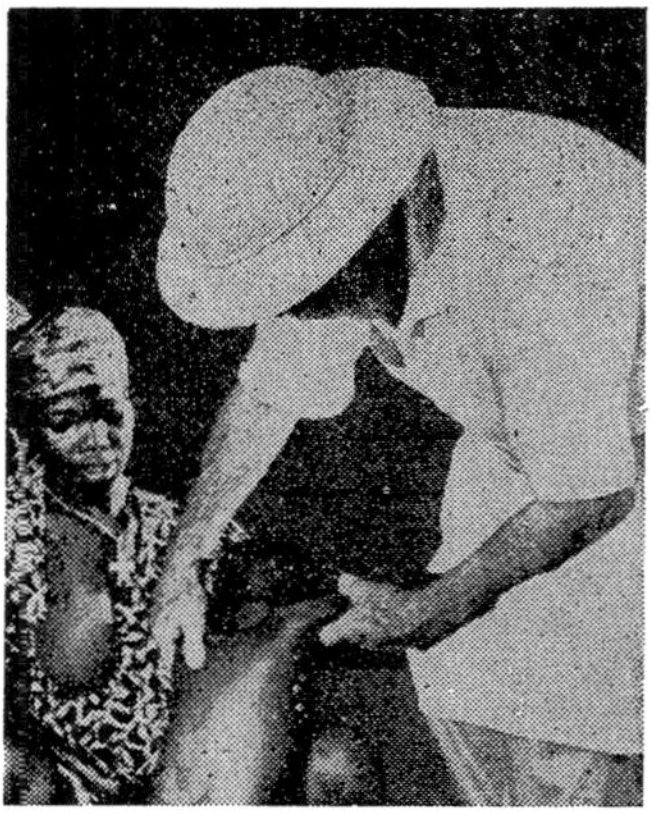
赤ん坊をみるシュバイツァー

教育問題とならんで、われわれが早急になすべきことは、未開民族の死滅をふせぐことである。黒人の生存は、輸入されたアルコールや白人の伝えた病気などによって、絶滅の危険にさらされている。

アルコールの輸入がもたらした危険は、住民一人当たりの毎年の飲酒量を知り、部落で子どもや老人までがいっしょになって飲んでいるのをみた人にしか、想像できないほどである。

オゴーウェ川流域では、官吏も商人も宣教師も酋長も、アルコールの輸入を禁止すべきだという点で一致している。それなのに、なぜ禁止されないか。それはアルコールがもっとも利益の多い課税品であるからだ。アルコールが輸入税としてあげる収益は、植民地最大の収入なのである。それゆえそれは、植民地の財政のためにどうしても禁止できない。

また、ブランデーやラム酒を禁止してぶどう酒とビールを許可すれば、害毒は克服されるという意見がある。だが、そうではない。熱帯ではぶどう酒やビールは、保存のために純粋のアルコールを加味するので、欧米におけるよりもはるかに危険な飲料なのである。黒人たちは、ブランデーやラム酒がなければ、そのかわりにぶどう酒やビールを多量に飲むであろう。それゆえ未開民族をアルコールの害毒から守るためには、あらゆる種類のアルコール飲料の輸入を禁止する以外にない。

こんにちまで、どの植民地においても、病気撲滅《ぼくめつ》の努力に関心が払われなかった。最近多少ではあるが、病気撲滅の見込みがついたのは、最新の医学の成果のおかげであった。しばしば黒人に医療の援助をあたえるのは、植民地の人的資源を保存するためだと説明される。しかし現実の状態は、経済問題以上に重要である。われわれ白人は、科学によって病気・苦痛・死などと戦うための有力な武器をもっている。もしもわれわれが、少しでも倫理的な観念をもっているならば、肉体の不幸で苦しんでいる未開人に、この武器を送らずにはいられないはずである。

個人的体験により苦痛と不安がどんなものであるかを知った者は、異国で病いに苦しむ黒人に、自分がうけたような助力をあたえる義務がある。このことによって、その人は、自分だけを問題にするのではなく、すべての苦しむ人びとの同胞となるのである。「苦痛のしるしを身におびた人びとの連盟」こそ、植民地において人道のために医師として働く者の信条なのである。

一夫多妻制

植民地における大きな社会問題である、一夫多妻制を考えてみよう。多くの宣教師は、未開民族のなかで一夫多妻制に反対して戦っている。かれらは黒人に、一夫一婦制を実行するように説き、政府当局にたいしては一夫多妻制を法律で禁止するように要求している。これは正しい処置なのだろうか。われわれは一夫多妻制が、経済的・社会的状態ときわめて密接に結びついていることを認める。それゆえ、黒人にたいして一夫多妻制が悪であり、ただちにそれを廃止すべきだとは主張できないのである。

人間が竹小屋に住み、女性がまだ自力で生計を維持できない社会では、家庭において未婚の娘のいる場所がない。それで、すべての女性は結婚しなければならない。そのためにも一夫多妻制が必要なのである。さらに原始林には乳牛もヤギもいないから、母親は乳児を必ず自分の乳で育てなければならない。黒人の女は子どもをうむと、そのごの三年間、子どもだけのために生活する。かの女はもはや妻ではなく、母親なのである。この期間、母親は子どもとともに自分の里で暮らす。そして三年たつと再びもどってきて、妻の座につくのである。その期間中、他の女が家事と栽培に従事し、夫の面倒をみる。それゆえ乳児の生存のためにも、一夫多妻制は欠かすことができないのである。

母親にだかれて眠る赤ん坊

また未開民族のあいだには、未亡人や孤児も存在しない。なぜなら、夫が死んだばあい、もっとも近い親類の男が故人の妻をうけつぎ、かの女とその子どもを養うからである。未亡人はのちに、男の許可をえて他の男と結婚できるが、とにかく夫が死んだときには、親類の男の妻となるのである。

このような未開民族のあいだで、一夫多妻制を改革して一夫一婦制にすることは、社会構造全体を動揺させることである。それゆえわれわれは、新しい社会状態を作り出せないのに一夫多妻制をやめさせることはできない。もちろん経済状態がよくなれば、それを廃止することは容易になるはずである。人間が堅固な家に住み、畜産と農業を営むようになれば、一夫多妻制は境遇にあわなくなり、おのずから消滅するだろう。

宣教師は、キリスト教の要求として、一夫一婦制を理想としなければならない。しかし現在の社会状態では、国家がそれを法律で禁止することはあやまりであろう。一夫多妻制をなくすことと、非道徳をなくすこととを同一視することは、まちがいである。

それに一夫多妻制でも、黒人の間では、妻どうしの関係はうまくいっている。黒人の女は、自分がたった一人の妻であることを望まない。なぜなら、一人では栽培場の仕事がたいへんだからである。通常、栽培場は部落から遠方にあり、それを維持するのは困難な仕事なのである。

病院でみられた多妻制も、醜《みにく》いところを示さなかった。ある老いた酋長が、二人の若い妻に付き添われて入院してきた。かれの病状が悪化したとき、もう一人の年とった妻がやってきた。その女が第一の妻であった。第一の妻は、来た日から酋長のベッドに付き添い、飲み物などを口に入れてやったりしていた。ほかの若い二人の妻は、第一の妻にうやうやしい態度をとり、かの女の指示にしたがって炊事《すいじ》などをしていた。

白人と黒人の関係

つぎに、われわれ白人は黒人とどのように交際したらよいか、という問題を述べよう。われわれは黒人を対等な者として取り扱ったらよいのか。それとも一段下の人間として取り扱ったらよいのか。

まずわれわれは、あらゆる人間の人間的品位を尊敬することの範を、黒人に示さなくてはならない。黒人はわたしたちから、この気持ちを感じとらなければならない。しかもたいせつなことは、お互いの間に同胞感の存在することである。この同胞感を日常生活においていかにあらわすかは、技術の問題である。

黒人は子どもである。子どもにたいしては権威なしではなにもできない。それゆえわれわれは、黒人との交際において、われわれの権威があらわれるように行動しなくてはならない。そのために、黒人にたいしてつぎの言葉がふさわしい。

「わたしはおまえの兄弟だ。だが兄だ」と。

黒人との正しい交際の秘訣《ひけつ》は、親しみを権威と結びつけることである。数年まえ、ある宣教師は、黒人と完全な兄弟として生活するために、伝道会を脱退した。そして黒人部落のそばに家を建てて、部落の一員となった。しかしその日から、かれの生活は殉教《じゅんきょう》となってしまった。かれが白人の権威を失ったので、黒人たちが尊敬しなくなったのである。かれは何ごとにつけても、黒人特有のながながとした議論にまきこまれなければならなかった。

白人の権威はつねに外面的に維持されなくてはならない。最大の愛情は、白人の外面的権威と結びついてはじめて、可能になるのである。

しかし本当の権威は、黒人たちに尊敬されてはじめて、白人の身にそなわるものである。黒人は、白人がかれらよりすぐれた知識と能力とをもっているという理由では、白人に敬意を示さない。そんな優越性は自明なことなのである。

黒人は、ただ一つの点について、誤りのない直感をもっている。それは、自分の交際している白人が倫理的な人格をもっているかどうか、という点である。だからわれわれにとっては、黒人がこれを感ずるならば精神的権威は可能となり、そうでなければ権威はどんな方法によっても作り出せない。黒人は自然児である。かれらは教養によってゆがめられていないから、相手が倫理的な人格をもつかどうかを、直感的に見抜くのである。そして相手の外面的権威の奥にひそむ人格に出あうと、相手を主人として尊敬する。そうでないばあいには、表面的には服従してもいつまでも反抗的である。

ここでわれわれは、植民地に人格を欠いた白人が多いことを指摘したいのではない。指摘したいのは、倫理的に立派な人間でも未開人を相手にするばあい、自己の人格を保持することが困難であるという事実である。この事実は、原始林における白人対黒人の問題の含む大きな悲劇である。

われわれが植民地の黒人に示すどんな善も、決して慈善ではない。それは白人の船がアフリカに到着していらい、われわれ白人が黒人の上にもたらしてきた悪のつぐないである。こんにちの植民地問題は、政治的方法だけでは解決できない。きたるべき新しい道は、白人と黒人とが倫理的精神の満ちあふれたなかで出あうことである。そのときこそ相互の理解が可能になる。この精神を作り出すために働くこと、それこそ、将来の世界政策ではなかろうか。

文化哲学について

著作解題　文化哲学に関する著作は、シュバイツァーのもっとも代表的な哲学書である。著作成立の事情についてはは生涯編でも述べたが、成立のためには、長い年月が必要であった。文化哲学を書くさいしょの動機は、かれが二四歳のとき、ベルリンのある会合で、「われわれは亜流者ではないか」という叫び声を聞いたことであった。それ以後、シュバイツァーは、現代文化の分析と批判を、「われら亜流者」という表題でまとめようと意図した。ところが、第一次世界大戦が勃発したとき、かれは現代文化の批判にとどまらず、文化の再建を考えなければならないことに気づいた。そして「われら亜流者」を拡充して、文化の再建のための著作を書くことを決意した。しかしさいしょは、文化哲学の基礎理念を把握できず苦しんだが、一九一五年、オゴーウェ川をさかのぼる途中、とつぜん、「生命への畏敬」の理念をみつけることができた。

こうして文化哲学の構想はできあがった。それは四部から成っていた。第一部、現代文化の危機とその原因について。第二部、「生命への畏敬」の理念。および倫理的世界と人生との肯定の世界観を根拠づけようとする従来のヨーロッパ哲学の試み。第三部、「生命への畏敬」の世界観。第四部、文化国家について、である。

この第一部と第二部にあたるのが、つぎの『文化の退廃と再建』と『文化と倫理』である。第三部は、シュバイツァーが生前中に完成したといわれるが、まだ公刊されていない。

この文化哲学は、決して難解で専門的な哲学書ではない。それゆえだれでもじっくり味読するならば、理解できるはずである。シュバイツァーの思想はかれの生きかたと密接に結びついている。かれの特色は、思想をたんなる観念にとどめず、ただちに実践に移したことである。だからこの著作を読めば、シュバイツァーの生涯をささえていたものを把握できるはずである。

なお、第二部の『文化と倫理』で、世界観について、従来のヨーロッパ哲学を検討している部分は、専門的でもあるので、このわたしの小著では全部省略した。

第一部『文化の退廃と再建』

文化の没落

文化は没落しようとしている。文化の没落は戦争によって起こったのではない。戦争が文化の没落の一つのあらわれなのである。なぜ文化の没落がはじまったのか。それは、われわれが文化のことを考えなくなったからだ。いいかえれば、哲学が無力になり、その影響力を失ったからである。

一八世紀の啓蒙主義[1]と合理主義[2]は、理性にもとづいて倫理的な理想をうちたてた。その理想は、哲学と世論に支持され、現実と対決していた。当時哲学は、世論の指導者として、人間・社会・民族・人類・文化などについて根本的思索を積極的におこなっていた。ところが一九世紀になると、啓蒙主義と合理主義の楽観論的世界観はきびしい批判にさらされ、その独断論は崩壊しなければならなかった。さらに急速な進歩をとげた自然科学が、この理想に決定的な打撃をあたえたのである。

それいらい倫理的な理想は、その基盤をなす世界観を失ってしまい、乞食《こじき》のようにさまよいはじめた。哲

1) 旧来の権威や偏見や迷信から思想を解放しようとする運動で、ロック・スミス・モンテスキュー・カントなどがその代表者である。

2) 一般に世界と人生の根底に理性が支配していると確信する世界観をいう。啓蒙主義の時代は、合理主義の高潮期であった。

学は以前のような活気を失ってしまい、世間から疎遠なものになってしまった。ほんらい哲学の任務とは、理性の指導者となり、監視人となることである。それなのにいまや哲学は、自然科学と歴史科学の成果をふるいにかけ、将来の世界観の材料を集めるだけの学問になってしまった。それは多くの事柄について思索するけれども、文化についてだけは思索しない。ただ理論的な世界観を確立することに夢中になっている。それゆえその世界観は、非楽観的非倫理的である。だからたとえその世界観が完成したとしても、それは決して文化の理想をきずくエネルギーを生みだすようなものではない。こうしてしだいに哲学は、それ自身、時代が文化を失ったことにさえ、気づかなくなってしまったのである。

しかし文化の没落の原因は哲学が無力になり、思考がその役目をはたさなくなったことだけによるのではない。その原因としては現代の社会的経済的な事情があげられる。

一般的に文化が発達するとは、全体の進歩を目ざす理想が個人によって考えられ、それが、現実に影響するような形態をとることである。この理想は考える人によって形成され、自由な人によって一般的な形態にかえられる。したがって、文化の担い手としての個人は、考える人であり、自由な人でなければならない。ここで自由な人とは、生存競争にとらわれない人間のことである。人間の物質的自由と精神的自由とはきわめて密接に結びついており、自由な人間のいないところに文化は実現しないのである。

ところが、近代以降この自由が失われてきた。たしかに機械文明のもたらした物質的な成果は、人間を自然から自由にした。しかし他面、それは、経済的にも精神的にも独立した人びとを少なくした。職人の親方などが、生活の基盤を失って労働者に転落した。また企業の巨大化は、人びとを農地や自然から引きはなして都市に集中させた。こうして多数の人びとが郷土をはなれ、都会での不自由な生活を強制されるようになった。このことは精神的にも大きな痛手《いたで》であった。

つぎに精神を不活発にしたものとして過労が考えられる。現代において人びとは多忙すぎる結果、その精神が衰えてきている。人びとははげしい勤労生活のために、外面的な慰めを要求する。教養をもとめずに娯楽をもとめている。もはや現代人は、真剣になって自分のことを考えたり、本を読むために精神を集中することができない。そこで、なにもしないでいることや、自分自身を忘れることを、なによりも喜ぶのである。

さらに悪いことに、このような人びとの心理状態は、マスコミなどにも影響をあたえた。劇場や新聞や雑誌などは、しだいに読者の好みに応じて内容を低下させた。以前には精神生活のささえであった文化機関が、いまや社会から精神を追放するようになってしまった。こうして無思想性ということが、社会の一般的風潮となったのである。

現代人の不完全さと人間性の喪失　不自由と過労のほかに、文化を心理的にさまたげたものとして、現代人の不完全さがあげられる。

近代以降、知識と能力とが驚くほど拡大し高まったので、個人の活動は特定の仕事に限定されるようになった。仕事が組織化され、専門化され、その物質的成果はすばらしかった。が、労働がもつ精神的な意味は、逆に悪化してしまった。人間は、全体的な仕事であれば、その労働において創意や想像力を使うので、それは喜びであり、人格形成にも役だつものである。しかし仕事が、能力の一部分だけを要求するようになると、それは苦痛となり、思考力や芸術的感覚はおとろえてしまう。専門主義はその物質的成果においてはすばらしいが、精神生活には大きな危険を含んでいる。

書斎で執筆中のシュバイツァー

それなのにこんにち、われわれは、専門化し組織化することが不必要なばあいでも、専門化し組織化しようと懸命になっている。このため、多くの職業において、自然な活動が、どんなに監督や規則によって束縛されていることだろう。このことは、現在の小学校の先生を以前と比較してみれば、ただちに理解される。

このように現代人は、不自由で、精神的に非集中的で、不完全である。そこから人間性を喪失する危険が生まれる。つまり、正常な対人関係を結ぶことが困難になってしまう。それゆえわれわれは、隣人と人間対人間のかかわりを結ぶことができず、非人格的な交際を当然なこととして感ずるようになる。

事実数十年まえから、完全な非人間性の思想が、当然のように語られるようになった。戦争や他の民族を征服することが、まるで将棋《しょうぎ》の駒でも動かすかのように、愉快に話されている。

さらに、社会が過度に組織化されたことも、文化の没落の一つの原因である。組織化がゆきすぎると、それが、制度や人間や思想に作用して精神面を阻害し、逆に人間や思想が制度の奴隷になってしまう。現代において、政治団体・宗教団体・経済団体などは、内面的なまとまりと最高度の活動力をもつために、組織をすみずみまで徹底化しようとしてきた。その結果、憲法・法律・規則などは、従来みられなかったほどに整備された。これで目的は達成されたことになる。ところが組織だけが完備した団体は、内的生命を失って、完全な機械になってしまったのである。

このようにわれわれは、組織化された社会において、不自由な、非集中的な、不完全な、人間性喪失の状態へ落ちこみつつある。だから、文化を考えることがあらゆる点で阻害されているのである。

文化の倫理的な基本性格

文化とはなんであるか。この問題は当然早くから提起され、解答されるべきであった。しかしそれは、こんにちまでおこなわれなかった。

一般的にいえば、文化とは個人と集合体との進歩、すなわち物質的・精神的進歩である。このばあいの進歩とは、生存競争が弱まることである。この生存競争は二面性をもっている。それは人間が自然にたいして自己主張する面と、人間にたいして自己主張する面とである。生存競争を弱めるには、理性が自然と人間の本性とを支配しなければならない。したがって、文化は、理性が自然を支配すると同時に、人間の心情を支配することによってはじめて実現する。

これら二つの進歩のうちでは、理性が人間の心情を支配するほうが重要である。その理由はこうだ。第一に、われわれが理性によって獲得した自然力の支配は、利点と同時に文化を破壊する欠点をもっている。第二に、理性が自然力を利用することによって獲得した力を、人間が悪用しないようにするのは、理性が人間の心情を支配すること以外にありえないからである。

ところで理性が人間の心情を支配するとは、どういうことであるか。それは、個人と集合体が、多くの人びとの物質的・精神的な幸福になるように、その意志を決めることである。すなわち個人と集合体が、倫理的になることである。

従来、文化運動の展開にはつねに進歩の力が、行政・経済・美術・文学などのあらゆる領域で活発に働いていた。そして文化の衰退は、時間の差はあっても、物質的領域にも倫理的領域にもあらわれた。ところが近代においては、倫理的エネルギーが衰えたのに、物質的領域だけはますます発展しつづけた。その結果、現代人は、文化とは学問・技術・芸術などの成果のことで、倫理とは無関係だと思いはじめたのである。

それでは、われわれは、なぜ文化の課題を倫理的にとらえることをやめたのであろうか。それは、われわれが、現実と結びつけて理性から理想を考えないで、現実から理想を引きだしたからである。その結果、低下された理想が、精神生活と世界とを支配するようになった。つまりわれわれは、現実感覚によって高遠な理想を放棄してしまったのである。この現実感覚とは、情熱と近視眼的な考えかたによって、一つの事実から他の事実を導くことである。そこには、高い目標を目ざして、一つの全体を実現しようとする意図が欠けている。

われわれはこの現実感覚のために、目先きのことだけを考える現実主義に、落ちこんでいる。しかも自己のまちがった歴史感覚を信頼しているので、そのことに気づいていない。この歴史感覚とは、さきに述べた現実感覚をたんに過去にひきのばしたものでしかない。真の歴史感覚とは、遠近の事象にたいして批判的な客観性をもち、事実の評価においてさまざまな偏見や利害を捨てることである。だがこんにちでは、歴史家でさえこの態度を保持していない。現代では最高の学識が、最大の偏見と結びつく時代なのである。

つぎに、このような現実感覚と歴史感覚から生まれた、危険なナショナリズムを考察しよう。

ナショナリズムとはなにか。それは、狂熱的な愛国主義のことである。それは、正常な確信にたいする妄《もう》想のようなものである。ほんらいナショナリズムは、一九世紀にフィヒテなどによって考えられた。それは、国民国家が文化国家の理想を具体化するのに適しているという主張であった。そのばあいの国民理念は、人類の目標に気をくばる高い理想をもっていた。しかしまもなく、国民理念から倫理的な理想が、脱落しはじめた。そして国民理念は、異常な民族主義の考えによって、非文化の状態をいっそう促進するものになってしまった。

ナショナリズムの性格は、利己的でかつ熱狂的である。その政治は、領土や経済の利害問題を極端に重視して、それをドグマ化し、それを国民の情熱によって裏づけようとする。だからナショナリズムは、正義と文化のための戦争と称して、権力のための戦争に幾百万の人びとを投げこむのである。

さらにわれわれは、事実と組織にたいしてもまちがった信頼をもっている。かつて人びとは、ヘーゲルの弁証法にもとづいて、事実のなかに進歩の原理が内在していると考え、歴史の歩みを文化の進歩と解釈してきた。しかし実際の歴史は、こうした事実を否定している。それにもかかわらず、われわれは、まだその信仰を捨てていない。

またわれわれは、事実と同様に組織をも信頼している。こんにち多くの人びとは、社会制度の改良や改造に成功するならば、文化に必要な進歩はおのずからおこなわれるだろう、と予想している。ある人は、民主主義の制度をもっと徹底させることによって、また他の人は、社会主義の制度を実現することによって、進歩が実現すると確信している。これらの人びとは、制度が新しくなれば新しい精神が生まれると考えている。

オゴーウェ川にて思索するシュバイツァー

この考えにとらえられているのは、無思慮な人だけではない。きわめてまじめな人も、そうである。唯物論は、精神的に価値のあるものは、事実の結果として生じてくると考える。それは、ちょうど戦争によって人類が救われると、期待するようなものである。実際の関係は、まったく逆なのである。精神的に価値のあるものが、その目的にかなうように現実を形成するから、価値のある生活をささえる事実が生まれてくるのだ。制度や組織は一次的なものではなくて、たんに相対的意義をもつにすぎない。

われわれはいままで体験したことから、精神こそ一次的なものであることを、確信しなければならない。制度は、そこに非文化の精神がはびこるから、無力になるのだ。もちろん社会を高い目標にかなうようにするためには、制度を改善することが必要である。だがそれと同時に、新しい精神をあたえることこそもっともたいせつなことなのである。

文化再生の道

われわれはどのような道をたどったら、非文化から文化へ復帰できるのだろうか。はたして、そのような道が存在するだろうか。

非倫理的な文化観は、そのことを否定する。それは、文化も他の自然現象と同様に、一定の期間をすぎると没落するのだ、と考える。この考えには楽観論と悲観論とが奇妙にいりまじっている。この文化観は、あるときは、事実のなかに進歩の原理があると楽観論を唱え、それが成立しなくなると、文化の没落も老衰現象であると悲観論を主張する。

他方、倫理的な文化観は、楽観論と悲観論を使いわけない。この文化観は、文化の没落を憂うべき状態とみなす。この立場では、文化は分析の対象ではなく、人類の将来を思うときにいだく希望である。それゆえ、非文化から文化への復帰が可能である、と信ずる。文化が倫理から成り立つ以上、倫理的エネルギーが人びとの心情のなかに目ざめ、現実形成の理念のなかに活動しはじめるならば、文化の没落は変じて向上となるはずである。われわれが企てなければならないのは、このむずかしい世界実験なのである。

この実験には、多くの困難が伴う。それゆえ世界実験の遂行にあたっては、倫理的精神に絶大な信頼をよせることが必要である。

文化再生の第一の困難は、こんにち人びとが、このようにあることと、このようにあるべきこととにたいして無理解なことである。この実験は、できるだけ多くの人が、同じことを実感しなければ不可能である。ところが多くの人は、事態を直視しないで、なるべく楽観的にみようとしている。われわれはまずこのような態度を打破して、現実をあるがままにみつめなければならない。

この実験を企てるさいの第二の困難は、それが再建の仕事であるということだ。使い古されたものを新しいものにすることほど、困難な課題があるだろうか。過去の歴史は、同じ民族において文化が没落し、再び革新された例がないことを告げる。しかしわれわれは、歴史上まだ一度も起こらなかったことを、起こさなければならない。なぜなら、そうしなければ人類が破滅してしまうからである。

文化再生の第三の困難は、それが外部での活動においてではなく、精神の活動においておこなわれることである。そのために、従来の文化の発展におけるように、物質面と精神面とが作用しあって事態を促進することができない。とくに物質面の急速の進歩が再生への道と無関係であることは、この世界実験をいっそう困難にしている。

なおそのほかにも、文化の革新を困難にするものがある。それは、この運動の担い手が個人に限定されることである。文化の再生は、大衆運動の性格をぜんぜんおびていない。文化が革新されるには、個人のなかに、現在の心情とは別の新しい心情が生まれ、これがまえの心情を支配しなければならない。それゆえ非文化から文化への復帰は、倫理的な運動である。それは、個人のうちでしか成立しない。だからわれわれは、高度の自律性をとりもどして、精神的・倫理的な思想を生み出すように努力しなければならない。

以上のように文化の革新には、多くの困難が伴う。しかしわれわれは、精神的に目ざめ、倫理的意欲をよびもどすことによって、文化を再建しなければならない。文化の革新は文化世界観をとりもどし、そこから文化的心情が生まれるとき実現するのである。

文化と世界観

現代において精神の大きな課題は、世界観をつくることである。あらゆる思想は、その時代の世界観を基礎にしている。だからわれわれは、文化世界観を獲得したときに、文化に必要なものを獲得できるのだ。

世界観とはなにか。それは、社会と個人が世界の本質や目的について、また世界における人類と個人との位置と使命について抱いている、思想の総体である。

一八世紀のヨーロッパにおいて、世界史上もっともはなやかな進歩の運動が起こった。なぜだろうか。それは、啓蒙主義と合理主義が創造した世界観が、人びとのなかに浸透したからである。実はこの理想主義的な世界観が力を失ったときに、早くもこんにちの世界大戦が、準備されはじめたのだ。なぜなら、その世界観が無力化したことによって、民族間に生じた諸問題を正しく処理する思想と心情とが、消滅してしまったからである。

したがって、文化の革新は、まず世界観の再建からはじまる。それでは、世界観が文化世界観となるには、どのような条件が必要であるか。一般的にいうならば、それは思考する世界観でなければならない。思考から生まれたものだけが、精神的な力となるのだ。それゆえわれわれは、理性を考えねばならない。理性とは、精神のあらゆる機能が生き生きと作用している状態である。この理性から生まれた世界観こそ、人間の生活に方向と価値とをあたえる。

このように文化世界観の条件を考えると、認識の起源を理性にもとめた合理主義は、一九世紀に消滅した思想運動以上のものを含んでいる。合理主義は、思考だけを基盤にして世界観をきずきあげた。その原因は決してまちがっていない。しかし従来、思考は、神秘主義に近づくとその働きを停止した。ところが、われわれのもとめる究極の知識は生命にかんするもので、神秘的である。ほんらい人間の内部で神秘的に結びついている認識と意志とは、理性に相反するものではない。認識は生命を外から見、意志は内から見るものなのだ。したがって、思考は、究極において神秘主義にたどりつくのである。

さらに、思考する世界観が文化世界観となるには、それが楽観論的倫理的なものでなければならない。楽

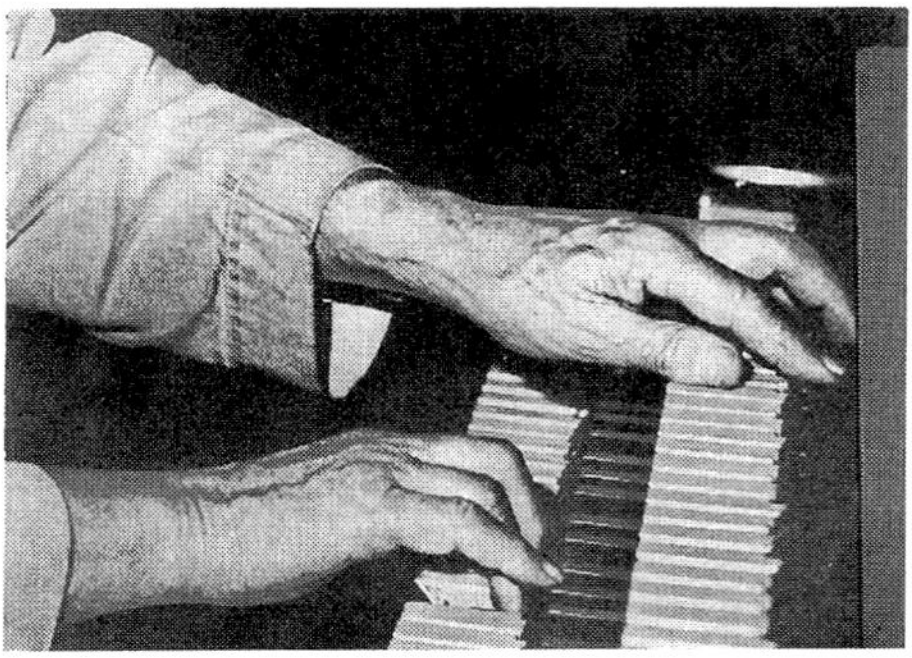

オルガンをひくシュバイツァーの手

観論的世界観とは、世界と生命とを価値あるものと認める世界観である。この世界観から、生命を最高の価値にまで高めようとする欲求がでてくる。

つぎに倫理とは、自己の人格の内面的完成を目ざす人間活動を意味する。この倫理と楽観論的世界観とが結合したところに、文化が生まれる。この両者のどちらかが欠けても、文化は生成しない。楽観論は、世界や社会を改善すれば個人の道徳的完成が促進されるという、信念を植えつける。他方倫理は、文化の目標である人格の内面的完成のために、あらゆる成果を協力させる力を生みだす。このように文化世界観は、楽観論と倫理にもとづくのである。

さいごにわれわれは生命の意味をよく考えることによって、思想の革新をしなければならない。生命の意味と世界の意味とを考えぬいて、そこから世界観をきずかなくてはならない。しかしこの世界観の基礎づけは、従来の方法とはちがう。なぜなら、いままでの思考は、世界の意味から生命の意味を理解していた。こんにちわれわれは、われわれの内部にもっている生きようとする意志から、世界に意味をあたえなければならない。

われわれの進むべき道は、まだ暗闇に包まれている。われわれは生命の意味をよく考えて、世界と生命とを肯定する世界観を確立しなければならない。この世界観こそ、文化の理想を樹立し、実現する力をあたえるものである。

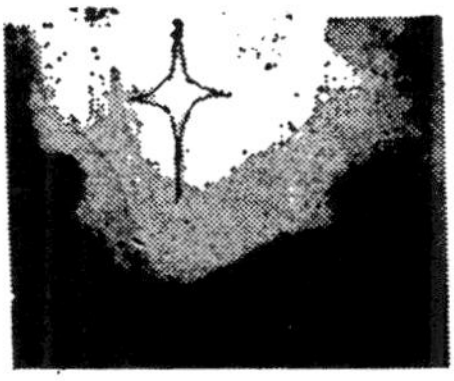

第二部 『文化と倫理』

楽観論的世界観と倫理　ヨーロッパにおける哲学の歴史は、楽観論的世界観をもとめる苦闘の歴史であった。ヨーロッパ民族がこんにちまで文化を成就《じょうじゅ》できたのは、かれらの思考において楽観論的世界観が優位を占めたからであった。

それでは、楽観論とはなにか。一般にはそれは、物事をできるだけ明るく考えることである。すなわち、すべての物事をできるだけよいほうに考える能力である。しかし真の楽観論は、このような寛大な判断のことではない。それは、世界と人生との肯定から生み出される。物事の理想を見つめ、それを意欲することである。それゆえ真の楽観論は、実際の評価のさいには、物事をはっきり把握して、容赦《ようしゃ》のない判断をくだすのである。それでときには、この立場が、悲観論のようにみえることさえある。

したがって、悲観論とは、普通には、物事がうまくいかないので希望をもてず悲しむことを意味するが、真の悲観論とは、低下させられた生きようとする意志を意味する。それは、人間と社会が進歩の理想を失ったばあいに、いたるところに出現するものである。

文化の退廃は、世界観の立場からみれば、真の楽観論がいつのまにか失われ、思想喪失のなかで悲観論と楽観論が雑居していることである。悲観論が文化にとって危険なのは、それが人生肯定のもっとも価値のある理念を攻撃するからである。悲観論が台頭しても、文化の外的成果は維持されるが、文化の本質的目標を目ざすもっとも重要な活動性が、減退してしまうのである。

それでは、楽観論と悲観論とは、倫理に対してどのような関係をもっているのか。

これらのあいだに密接な関係があることは、通常これらが世界観と倫理のための戦いにおいて、思考のなかで混同されていることからも理解される。しばしば倫理の基礎づけに楽観論的論証が用いられ、楽観論の基礎づけに倫理的な論証が用いられる。たとえば、ヨーロッパでは多くのばあい、人生を肯定する倫理に重点を置くことによって、楽観論的世界観を証明したと考えてきた。そしてこれらの混乱が思考の純化をさまたげてきた。

それでは、人類は、倫理的探究の道をどのようにたどってきたのだろうか。倫理的思考の進歩はのろのろして、かつ不確実である。倫理のばあい、思考は自分自身だけを頼りにして、人間自身と人間の自己発展を問題としなければならない。それゆえ、ときにはつぎのような疑問が提出される。

倫理について語られるすべてのことは、老子・孔子・ソクラテス・プラトン・イエス・ロック・ヒューム・カント・ヘーゲル・ニーチェなどの思想家によって語りつくされているのではないか。われわれは、これらの偉大なる思想家の考えをこえる見解に到達できるのだろうか。今後これらの思想家の道徳思想を統一する理念を、見いだすことが可能であろうか。

このようにわれわれは、従来の倫理思想を研究することによって、さらに多数の倫理が生ずることに疑問を感ずる。しかし人類の運命に絶望しないならば、いろいろな思想家の思想を統一する根本原理への希望を、いだくことができるであろう。

道徳は現実を形成する諸力のなかで、もっとも強力なものである。それに倫理について考えることは、倫理的信念を高め、はげますものである。それゆえ倫理的問題は、道徳的なものの根本問題である。

われわれがひとたび真の倫理の根本原理の意味を悟るならば、それはもはやわれわれをとらえてはなすことなく、たえず現実との対決を生ぜしめるであろう。

生きようとする意志

ヨーロッパ哲学の偉大な点は、それが楽観論的・倫理的世界観をもとめたことであった。しかしながら、哲学者たちは、その基礎づけの困難さを自覚しなかった。だからかれらは、楽観論的・倫理的世界観を実証しようと努力し、いつもそれをなしとげたと思いこんだ。しかしそれらの幻想は、次代の思想家によってつぎからつぎへと打ち砕かれなければならなかった。

これらの哲学者の試みた基礎づけの方法は、人生の意味を世界の意味によって把握することであった。だがその結果、かれらは、楽観論的・倫理的世界観を基礎づけようとした楽観論的・倫理的世界解釈が成立しないことに気づいて困惑した。そもそも、人生の意味を世界の意味から把握することは不可能なのだ。なぜなら、宇宙と人間とはあまりにもちがいすぎるし、宇宙のなかに一般的な合目的性を見いだすことはできないからである。たしかに人間の生命が生まれ、成育する姿は、驚くほど合目的である。しかしその人間は、他の生物を犠牲にして成長している。したがって、宇宙は、一方では合目的であり、他方では全く非合目的なのである。

いままで人びとは、世界観のなかに、世界観と人生観とを含めて考えてきた。しかしいまやこの両者は、両立しない。それゆえ、別々に考えなければならない。人生観とは人生の目的や価値などについての考えかたのことであり、これは生きようとする意志によってあたえられる。

かつて古い合理主義は、理性でもって世界を明らかにしようとした。新しい合理主義は、理性でもって、われわれの内にある生きようとする意志を、明らかにしなければならない。

それでは、生きようとする意志とはなんであり、いかにして人生観をあたえるのであろうか。

生きようとする意志とは、十分に生きぬこうとすることである。すべてのものは、自己を完全に実現しようとする欲求をもっている。花や木々において、クラゲの不思議な形において、草の茎において、すべてがそうである。この意志がどうしてあたえられるのか。それはわからない。生きようとする意志は、生存とともにすべてのものにあたえられている。

したがって、われわれの人生行路は、単純な世界と人生との肯定ではじまる。やがて成長して思考が目ざめると、人生の意味について疑問が生ずる。しかもこの認識は、たいてい悲観論的である。悲観論が強まると、自殺さえ肯定しはじめる。少数の人は、自分にあたえられている自由を行使して自殺することを、だれ

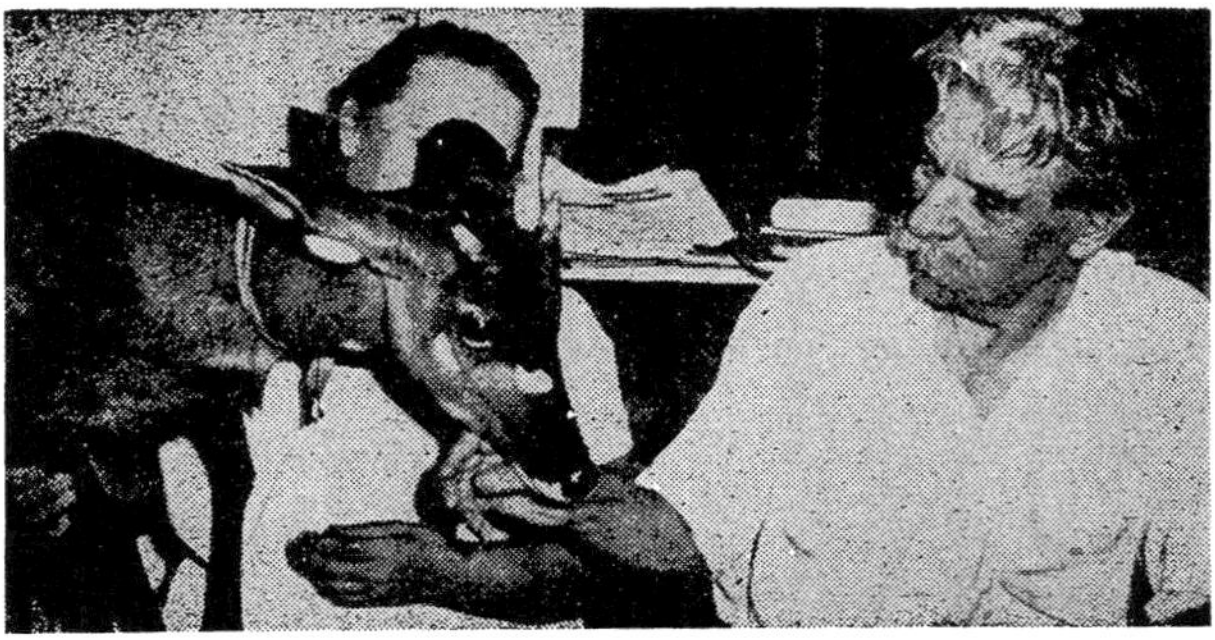

カモシカと遊ぶシュバイツァー

もやめさせることはできないと考える。しかし人間は、少しでも正気があるかぎり、自殺を拒絶する。なぜだろうか。それは生きようとする意志のほうが、悲観論的認識よりも強いからである。われわれには本能的に「生命への畏敬」がひそんでいるのだ。

われわれはこのような悲観論に魅惑《みわく》されないためにも、人生の単純な肯定を、自覚されたそれに転じなければならない。この生きようとする意志が自己にたいして真実となり、いつまでも真実で生気溌剌《はつらつ》としたものに発展するように、努力しなければならない。

生きようとする意志は、自己を明らかに自覚することによって、自分の根底とすべきものが自己自身であることを知る。この意志は、それ自身のなかに、世界と人生との肯定の意味をもっている。われわれは、深化された世界や人生を肯定することによって「生命への畏敬」を知る。これによって、自己の生存の意味が、自己の内部からあたえられることを、はじめて悟るのである。

われわれは、生きようとする意志を思考することによって、深化された世界と人生との肯定に到達した。それでは、この思考がいかにしてわれわれを倫理に導くかを考察しよう。

献身の倫理と自己完成の倫理

倫理の歴史は、道徳的なものの普遍的根本原理を発見することであった。その根本原理は、当然思考によって必然的なものとして示されなければならない。ところが従来の道徳原理は、それらが矛盾を含むか、あるいは倫理的な性格を失っているために、満足できないものであった。

たとえば、古代の思想家は、倫理的なものを、合理的に快楽をもたらすものとして考えた。それゆえかれらは、献身の倫理には到達せず、倫理的な色彩をおびた悟りにとどまった。

近代になると、倫理的思考ははじめから功利主義的であった。個人が他の個人や社会のために献身すべきことが強調された。しかし、この立場では、献身の倫理は、思考を満足させながら自己を形成することができなかった。このように献身の倫理は、献身という倫理的な前提から出発したが、思考によって基礎づけられた根本原理に到達できなかった。この二つの試みとならんで、倫理を自己完成への努力として解明しようとする動きがあった。しかしこの動きも、プラトン・カント・フィヒテなどの努力にもかかわらず、道徳的なものの根本原理に倫理的に満足するような内容をもたせることに失敗した。

したがって、われわれに残された問題は、つぎの二つの試みしかない。一つは、倫理的な献身から出発して、それを自己完成の倫理のなかにとり入れることである。他の一つは、自己完成から出発して、献身を自己完成の必然的な内容として示すことである。つまり、献身の倫理と自己完成の倫理との総合が問題なのである。

いままで、なぜ、この二つは総合されなかったのだろうか。その理由としては、つぎのことが考えられる。

献身の倫理のばあいには、それが狭すぎるという欠陥をもっていた。近代の功利主義は、人間の人間および社会への献身だけを問題としていた。他方、自己完成の倫理は、つねに普遍的なものである。これは、人間の世界にたいする関係まで含んでいる。したがって、献身の倫理が自己完成の倫理を包含するには、それが普遍的となる必要がある。そのためには、献身の倫理は、献身を人間と社会だけでなく、生命一般にまで拡大しなければならない。

ところが、従来の倫理は、この献身の普遍化をおこなおうとしなかった。ヨーロッパでは、倫理は、いつも、人間の人間および社会にたいする態度だけを問題としてきた。デカルトは動物を単なる機械と考えたし、カントは人間の人間にたいする義務だけを強調した。このヨーロッパの風潮は、東洋の思想と比較するとき、全く奇妙に思われる。

インドや中国では、早くから倫理とは、すべての生物への善意ある態度であるという思想があった。もちろんヨーロッパの思想家が献身の普遍化に反対したのは、それなりの理由があった。かれらは、一般に妥当する力をもった合理的倫理を、探究したのである。しかしこの方法では、真の倫理は明らかにされなかった。

したがって、われわれは、献身を普遍化して、献身を人間だけでなく、あらゆる生命にまで拡大しなければならない。それによって献身の倫理は、自己完成の倫理に出あい、結合することも可能になるのである。

他方、思考を満足させる世界観は、神秘主義である。神秘主義は、人間が無限の存在のなかに自然にあたえられていることに満足せず、意識活動によって、精神的にこの無限の存在につながりをもつことを意味する。それゆえ自己完成の倫理は、神秘主義と密接に結びつく。しかしこのばあいの神秘主義は、従来の超倫理的神秘主義ではなく、倫理的神秘主義でなければならない。この神秘主義において、献身は、人間のすべての生命的なものが参加している作用となる。それゆえそこでは、行為への欲求を自己のなかにもつ精神性が支配する。こうして精神性と倫理とが結びつくのである。

「生命への畏敬」の倫理

思考とは、人間の内部でおこなわれる意欲と認識との対決である。この認識は、すべての現象のなかには、生きようとする意志があることを教える。生命とはなんであるか。いかなる科学もこれに答えることはできない。それゆえ世界観にとって、認識とは、人間を生きようとする意志にひたすことによって、人びとが無思想状態にがまんできなくすることである。真の認識は、生命がなにを意味するかを教えるのではなく、個人の生きようとする意志をして、他のすべての生きようとする意志との共存を体験させるものである。こうして個人にとって、世界の知識が体験となり、個人は内部から世界と関係するようになるのである。

デカルトは、「われ考う、ゆえにわれあり」の命題から出発した。これによってかれは、抽象の世界に迷いこんでしまった。なぜなら、「考う」ということは、すでにそれに先だつ存在の意識を含んでいるからである。それゆえデカルトは、倫理への道を見いだせず、死せる世界観にとどまってしまった。

真の哲学は、もっとも直接的で包括的な意識の事実から、出発しなければならない。すなわち、「わたしは生きようとする生命にとりかこまれた、生きようとする生命である」という事実から。この事実から、あらゆる事実に応ずる世界観が生まれる。わたしの生きようとする意志のなかには、生きつづけようとする憧《どう》憬《けい》と、生きようとする意志の破壊にたいする恐怖とがある。前者が快楽であり、後者が苦痛である。

したがって、倫理とは、すべての人が、自己の生きようとする意志をおそれ敬うことであり、同時に、生きようとする意志をもつ他のすべての生命をおそれ敬うことである。それゆえ道徳の根本原理とは、生命を守り、これを促進するものが善であり、生命をなくし、これを傷つけるものが悪であるということである。

人間は苦悩している他の生命を助けたいと思い、かつ他の生命に危害をくわえるのをおそれるとき、真に倫理的なのである。そのとき、人間は、その生命がどれほど価値があるかなどとは問わない。かれにとっては、生命そのものが神聖なのである。

それゆえかれは、一枚の木の葉もむしらない。一輪の花も折らない。一匹の虫も踏みつぶさない。夏の夜、ランプのもとへ虫が飛んできて、羽根をこがして苦しむのをふせぐために、窓を閉めて暑い空気のなかで仕事をするのである。雨あがりのあと、街路を歩いているとき、迷い出たミミズを見つけては、日ざしのために死なないよう、そっと草むらに運んでやる。虫が水たまりに落ちて苦しんでいるのを見たときは、葉を一枚さし出して救ってやるのである。

かれは感傷的だと笑われることを気にしない。あらゆる真理は、それが承認されるまでは、嘲笑のまとである。こんにち人びとは、最下等の生物のことを心配したり、それを倫理の要求と考えることは、ゆきすぎだと思っている。しかし人びとは、いつか無意味に生命をなくし、傷つけることが倫理と両立しないことを、理解するときがくるであろう。

倫理とは、生きようとし、生きているものに対してはてしなく拡大された責任なのだ。さらに思考は、倫理的なものの本質をつぎのように定義する。倫理とは、「生命への畏敬」によって動機づけられた、生命への献身である、と。

森林を散歩するシュバイツァー

「生命への畏敬」は、ひとたびそれが個人のなかにはいると、たえずその人の信念に働きかける。そしてそこには、やむことのない責任感の不安が生ずる。なぜなら、世界は、生きようとする意志の闘争に満ちているからである。わたしたちがさびしい道を歩けば、多くの小さい動物が死んだり、傷ついたりする。わたしたちの生存を維持するには、わたしたちの生存を危くし、傷つけるものをふせがなければならない。そのために、わたしたちは、家のネズミを迫害し、多数の細菌を殺さなければならない。このように、わたしたちの生存は、他の生物の殺傷によって成り立っているのである。倫理はこのような矛盾のなかで、いかにして自己を主張するか。

通常の倫理であれば、妥協をもとめるであろう。だが「生命への畏敬」の倫理は妥協をもとめない。この倫理では、つねに善とは、生命の維持と促進であり、悪とは生命をなくし、傷つけることである。したがって、この倫理では、個人は、かれがどこまで倫理的でありうるか、どこまで生命をなくし、傷つけることの必然性に従属し、それによって責任を負わなければならないか、を自分自身で決断しなければならない。

われわれは、自己の生存のために悪をなさざるをえない。いやつねに、悪をなす決断を迫られている。それだけにまた、われわれは、善をなすように努力しなければならないのだ。

「生命への畏敬」と文化

「生命への畏敬」は世界と人生との肯定と倫理を含んでいるので、たえず文化の理想を思考し意欲する。そしてそれを現実と対決させる。それゆえ「生命への畏敬」は個人が世界について無関心になることを許さない。それは、個人がいつもかれを取り巻くすべての生命に関係し、それに責任を感ずることを要求する。すべての生命のなかでは、人間だけがその発展にたいして影響をあたえることのできる存在である。そこで「生命への畏敬」は、個人に人類がおこなうことのできるすべての文化を構想し意欲するように要請する。こうしてわれわれは「生命への畏敬」によって、文化の構想と意欲のなかに投げこまれるのである。

経験的に定義するならば、真の文化とは、人間の知識・能力などの進歩が実現され、それらが文化の究極目標である個人の内面的完成に協力することである。「生命への畏敬」はこの文化観を完成させ、内部から基礎づけるものである。それゆえ文化の本質とは、「生命への畏敬」が人びとのあいだにますます浸透していくことである。

思索しつつ執筆するシュバイツァー

この文化は人間の理想、人類の理想などをもっている。思考はこれらの理想にもとづいて、現実と対決する。それゆえわれわれは、文化人にならなければならない。文化人こそ、現代において人間性を喪失しない人間なのである。文化人とは、あらゆる状態のもとで真の人間性を示すことのできる人間のことである。

知識と能力の進歩は、多くの利益をもたらす。しかしその進歩は、それに相応する精神性の進歩を保有しないかぎり、さいごには不幸におち入ってしまう。だから、大衆の精神化こそ、われわれの急務なのである。近代以降、大衆は自己について考えることを忘れ、精神性を失ってしまった。それゆえこんにちの事態は、きわめて悲観的である。しかしわれわれは、勇気をもって、人類の精神的進歩が可能であることを、信じなくてはならない。「生命への畏敬」が、人びとの思考と信念に働きかける時、精神化は実現するのだ。

さいごに、教会と国家について考察しよう。

国家と教会は、人間が人類に到達する途上にある、一つの形態にすぎない。現代において、それらがその理想を発揮できないのは、われわれの歴史感覚のせいである。われわれは国家や教会が自然的歴史的に形成されたと考え、それを理論によって再構成しようとしなかった。数十年まえから、人びとは、かれらの信念を国家と教会から一方的にうけた。この現象が国家や教会の発展をさまたげ、むしろ堕落させたのである。しかしそれはやむをえないことでもあった。というのは、個人は、精神的に独立できるようななにものをももってはいなかった。それゆえ個人は、現実に働きかける理想を考えることさえできなかった。

だがいまやわれわれは、「生命への畏敬」によって、確固とした価値ある理想を手に入れることができる。われわれは、この理想をもって、現実に働きかけることができる。

したがって、国家や教会が文化の理想と一致するためには、われわれが「生命への畏敬」とそれから生ずる理想とをもって、国家や教会に所属することである。そして、自己の所属する国家や教会に、その内部から働きかけることである。そこに精神が出現する。もちろん、現代の国家を再形成して文化国家にすることは、非常に困難である。こんにち、国家は、物質的精神的貧困のなかであえいでいる。このままの状態では、危機と破局がいつ訪れるかもわからないほどである。しかしわれわれは、それだからこそ文化国家を建設するために、立ち上がらなければならないのである。

われわれは「生命への畏敬」の世界観・人生観を保持し、その理想にもとづいて国家を批判しなければならない。現在の国家の状態は絶対に支持できないと、多数の人が確信するとき、国家の改善はおのずからはじまるであろう。

このようにして、新しい信念が国家を支配するならば、国内は平和になるであろう。この信念が諸国家のあいだにひろまるならば、諸国家はおたがいに友好的になり、人類の破滅をもたらすようなことをやめるであろう。

われわれは文化国家を、民族主義などによって考えないで、倫理的な文化信念によって考えなくてはならない。「生命への畏敬」から生まれる文化信念によって、文化国家を実現するよう努力しなくてはならない。

シュバイツァー年譜

西暦	年齢	年譜	背景をなす社会的事件、ならびに参考事項
一八六八年			明治維新
七〇			**普仏戦争おこる** フランス共和制を宣言
七一			ドイツ帝国成立
七五		**シュバイツァー生まれる**（一月一四日ドイツの上エルザス〈現在フランスのアルザス〉州カイザースブルクで）	
八五	一〇歳	ミュールハウゼンのギムナジウムに入学 小学校長の伯父の家にうつる	
八九	一四		大日本帝国憲法発布
九〇	一五	オイゲン＝ミュンヒにパイプオルガンを習いはじめる	ビスマルク引退
九一	一六	ワーグナーの「タンホイザー」を聞く	
九三	一八	六月ギムナジウム卒業。十月パリでヴィドールの弟子となる。十月末シュトラースブルク大学に入学	
九四	一九	四月軍隊に勤務する。「三福音書」を研究しはじめる	日清戦争はじまる

九六	二一	聖霊降臨祭の朝、三〇歳までは学問と芸術に生き、それからは人間に直接奉仕することを決意する。秋、ワーグナーの「ニーベルンゲンの指輪」をバイロイトで聞く	
九七	二二		ドレフュス事件表面化する
九八	二三	最初の神学試験に合格。パリにうつる。ミュンヒ氏死去し、無名で『オイゲン=ミュンヒ』を出版	ファショダ事件おこる
九九	二四	ベルリンで**文化哲学**の最初の動機をあたえられる **『カントの宗教哲学』**出版。聖ニコライ教会の副牧師となる	ハーグで万国平和会議開かれる
一九〇二	二七	**『メシア性の秘密と受難の秘義』**により大学神学科の講師となる	
四	二九	秋のある朝、後半生をアフリカの黒人のためにささげる決心をする	日露戦争はじまる。**幸徳秋水・内村鑑三など非戦論をとなえる**
五	三〇	誕生日に医師としてアフリカに行く決意をかためる。フランス語版**『バッハ』**出版。十月両親と友人にアフリカ行きの決意を通告	ロシアに第一次革命おこる
六	三一	夏に大著**『イエス伝研究史』**完成し、**『ライマルスよりヴレーデまで』**の表題で出版。また**『オルガン製作とオルガン技術』**出版	
八	三三	ドイツ語版『バッハ』出版	

一九〇九年	三四歳	五月解剖学・生理学・自然科学などの試験をうけ、かろうじて及弟する	
一一	三六	十二月外科の試験に合格して医科の過程をおえる	
一二	三七	春、大学講師と牧師の職を辞任 六月一八日ヘレーネ゠ブレスラウと結婚 アフリカ出発への準備に多忙の日々をおくる	第一次バルカン戦争おこる 中華民国成立
一三	三八	二月『**イエス―精神医学的考察**』で医学の学位をとる 三月夫人とともにギュンスバッハを出発、四月一五日ランバレネに到着 **病院での活動はじまる**	第二次バルカン戦争おこる
一四	三九	八月第一次世界大戦はじまり、一一月まで自宅に拘禁される ききんはじまる	**第一次世界大戦はじまる** 日本ドイツに宣戦して、山東半島などを占領する
一五	四〇	九月オゴーウェ川をさかのぼる途中「**生命への畏敬**」の理念を考えつく	
一七	四二	フランス本国の捕虜収容所に入るよう命令をうけ、ランバレネを去る 収容所で赤痢を発病する	ロシアで革命政権成立
一八	四三	七月捕虜交換でドイツに帰る 九月シュトラースブルクで手術をうける	**第一次世界大戦おわる**

一九	四四	病気回復後再び聖ニコライ教会の副牧師となり、かつ市立病院の助手になる 娘レーナ誕生 十月スペインのバルセロナでオルガンを演奏して好評をうる	日本で米騒動おこる ワイマール憲法発布 パリ平和会議 **イタリアでファシスト党結成**
二〇	四五	四月にスウェーデンのウプサラで連続講演をおこなう。 そのあとオルガン演奏会と講演会で大成功をおさめ、ランバレネの病院再建の希望をつかむ	国際連盟成立 日本で第一回メーデーおこなわれる
二一	四六	四月市立病院助手と教会の副牧師をやめる **『水と原始林のあいだに』**出版	
二三	四八	一月プラーグで「文化哲学」を講演 春、文化哲学の第一部**『文化の退廃と再建』**、第二部**『文化と倫理』**を完成し、同年出版	トルコ共和国成立 関東大震災
二四	四九	二月夫人を残して再びアフリカへ出発、**病院の再建**につとめる 病院に老人が捨てられるようになる 十月第二の医師ヴィクトル＝ネスマン到着 奥地より蛮人の患者がくる **『生い立ちの記』**出版	イギリスに第一次労働党内閣成立 レーニン死ぬ

一九二五年	五〇歳	三月第三の医師マルク=ラウテンブルク到着 六月赤痢流行し病院超満員となる ききんはじまり、病院最大の危機に直面 病院の移転を決意し、仕事に着手	
二六	五一	父ルートヴィヒ=シュバイツァー故郷で死ぬ 新病院の建設をつづける	**内村鑑三、シュバイツァーに寄付金をおくる**
二七	五二	一月新病院だいたい完成、移転がおこなわれる 八月ヨーロッパに帰り、スウェーデン・デンマーク旅行	
二八	五三	八月**ゲーテ賞**をうけ、記念講演をおこなう	ソビエト第一次五か年計画発表 **イタリア、ファシストの独裁となる**
二九	五四	夫人と女医などとともにアフリカに向かう	世界恐慌はじまる
三〇	五五	ゲーテ賞の賞金による「シュバイツァーの家」完成 **『使徒パウロの神秘主義』**出版	ロンドン軍縮会議 内村鑑三死ぬ
三一	五六	四月新しい精神病舎完成 **『わが生活と思想より』**出版	満州事変はじまる
三二	五七	二月看護婦とともに帰国、三月フランクフルトで「ゲーテ死後百年祭記念講演」をおこなう	
三三	五八		**ヒトラー首相となる** ドイツ・日本国際連盟より脱退

三七	六二		日華事変起こる
三八	六三	**『アフリカ物語』**出版	ドイツ、オーストリア・ズーテンを併合
三九	六四	一月帰国したが、戦争の近いことを感じすぐランバレネにもどる。大戦勃発と同時に重症患者以外を退院させる	**第二次世界大戦はじまる**
四一	六六	夏、ヘレーネ夫人幸運にもランバレネに到着	ドイツ、ソビエトに宣戦 日本真珠湾を攻撃し、アメリカ・イギリスに宣戦
四二	六七	五月病院の薬品がつきようとしたときアメリカなどから薬品がとどく	
四三	六八	娘レーナ、オルガン製作者エッケルトと結婚	連合軍イタリアに上陸
四五	七〇	満七〇歳の誕生日にイギリスの放送局はシュバイツァーの特別番組を放送	ドイツ・日本無条件降伏 国際連合成立
四九	七四	六月アメリカの**ゲーテ生誕二百年記念祭**に出席して講演をおこなう	**ドイツ、東独と西独に分裂** 中華人民共和国成立
五一	七六	夏帰国し、バッハ・メンデルスゾーンなどのオルガン曲を吹き込む 九月**ドイツ出版協会平和賞**をうく **『ペリカンの生活と意見』**出版	サンフランシスコ平和会議 イギリスでチャーチル首相となる
五三	七八	十月末五二年度ノーベル平和賞受賞が決定	
五四	七九	十一月オスロで**ノーベル平和賞**をうけ、「**現代における**	**アメリカ、ビキニで水爆実験をおこなう**

一九五七年	八二歳	**平和の問題**」を講演 四月オスロ放送局から**原爆実験中止をうったえる声明**を五か国語で放送	ソビエト、人工衛星第一号を打ち上げる
六三	八八	六月**ヘレーネ夫人死ぬ** エッケルト夫人日本を訪問	ケネディ米大統領暗殺される
六五	九〇	九月四日**シュバイツァー死ぬ** ヘレーネ夫人のとなりに葬られる。病院の後継者エッケルト夫人に決まる	**中国核実験に成功** **ベトナム戦争広がる**

参考文献

人間シュヴァイツェル　野村實著　岩波書店　昭30

シュヴァイツァー博士とともに　高橋功著　白水社　昭36

シュヴァイツァー伝　ハーゲドーン著　原田義人訳　白水社　昭32

シュヴァイツェル　シーバ著　会津伸訳　みすず書房　昭34

シュワイツァー　山室静著　旺文社　昭40

シュヴァイツァー著作集（全19巻）　白水社　昭32

シュヴァイツァー選集（別巻）—シュヴァイツァー・アルバム　白水社　昭37

シュヴァイツァーの世界（写真集）　アンダースン著　野村實訳　白水社　昭35

上にあげた文献のなかで、一番めと二番めの文献は、シュバイツァーと生活をともにした著者の貴重な体験に基づいて、かれのすぐれた精神と生きかたをわかりやすく紹介したものである。また著作集にはいっている『わが生活と思想より』（第二巻）と『生い立ちの記』（第一巻）とは、シュバイツァーがその生涯と思想とを自伝的に述べたもので、人間いかに生きるか、という問いに対するかれの解答を含んでいる。特に『生い立ちの記』は短編ではあるが、後半において少年期の理想主義を述べており、学生諸君がぜひ味読されることを希望する。

さくいん

―完―

シュバイツァー■人と思想31　　定価はカバーに表示

1967年 5 月15日　第 1 刷発行©
2016年 6 月25日　新装版第 1 刷発行©
2023年 2 月15日　新装版第 2 刷発行

・著　者 …………………小牧《こまき》　治《おさむ》・泉谷周三郎《いずみやしゅうざぶろう》
・発行者 ……………………………野村久一郎
・印刷所 ……………………大日本印刷株式会社
・発行所 ……………………株式会社　清水書院

〒102-0072　東京都千代田区飯田橋3-11-6
Tel・03(5213)7151～7
振替口座・00130-3-5283
http://www.shimizushoin.co.jp

検印省略
落丁本・乱丁本は
おとりかえします。

CenturyBooks

Printed in Japan
ISBN978-4-389-42031-4

CenturyBooks

清水書院の〝センチュリーブックス〟発刊のことば

近年の科学技術の発達は、まことに目覚ましいものがあります。月世界への旅行も、近い将来のこととして、夢ではなくなりました。しかし、一方、人間性は疎外され、文化も、商品化されようとしていることも、否定できません。

いま、人間性の回復をはかり、先人の遺した偉大な文化を継承して、高貴な精神の城を守り、明日への創造に資することは、今世紀に生きる私たちの、重大な責務であると信じます。

私たちがここに、「センチュリーブックス」を刊行いたしますのは、人間形成期にある学生・生徒の諸君、職場にある若い世代に精神の糧を提供し、この責任の一端を果たしたいためであります。

ここに読者諸氏の豊かな人間性を讃えつつご愛読を願います。

一九六六年

清水禎文

SHIMIZU SHOIN

【人と思想】 既刊本

老子	高橋　進
孔子	内野熊一郎他
ソクラテス	中野幸次
釈迦	副島正光
プラトン	中野幸次
アリストテレス	堀田　彰
イエス	八木誠一
親鸞	古田武彦
ルター	小牧　治 泉谷周三郎
カルヴァン	渡辺信夫
デカルト	伊藤勝彦
パスカル	小松摂郎
ロック	浜林正夫他
ルソー	中里良二
カント	小牧　治
ベンサム	山田英世
ヘーゲル	澤田　章
J・S・ミル	菊川忠夫
キルケゴール	工藤綏夫
マルクス	小牧　治
福沢諭吉	鹿野政直
ニーチェ	工藤綏夫
J・デューイ	山田英世
フロイト	鈴村金彌
内村鑑三	関根正雄
ロマン=ロラン	村上嘉隆 村上益子
孫文	横山　英 中山義弘
ガンジー	坂本徳松
レーニン	中野徹三 高岡健次郎
ラッセル	金子光男
シュバイツァー	泉谷周三郎
ネルー	中村平治
毛沢東	宇野重昭
サルトル	村上嘉隆
ハイデッガー	新井恵雄
ヤスパース	宇都宮芳明
孟子	加賀栄治
荘子	鈴木修次
アウグスティヌス	宮谷宣史
トーマス・マン	村田經和
シラー	内藤克彦
道元	山折哲雄
ベーコン	石井栄一
マザーテレサ	和田町子
中江藤樹	渡部　武
ブルトマン	笠井恵二
本居宣長	本山幸彦
佐久間象山	奈良本辰也 左方郁子
ホッブズ	田中　浩
田中正造	布川清司
幸徳秋水	絲屋寿雄
スタンダール	鈴木昭一郎
和辻哲郎	小牧　治
マキアヴェリ	西村貞二
河上肇	山田　洸
アルチュセール	今村仁司
杜甫	鈴木修次
スピノザ	工藤喜作
ユング	林　道義
フロム	安田一郎
マイネッケ	西村貞二
エラスムス	斎藤美洲
パウロ	八木誠一
ブレヒト	岩淵達治
ダンテ	野上素一
ダーウィン	江上生子
ゲーテ	星野慎一
ヴィクトル=ユゴー	辻　昶 丸岡高弘
トインビー	吉沢五郎
フォイエルバッハ	宇都宮芳明

平塚らいてう	小林登美枝
フッサール	加藤精司
ゾラ	尾崎和郎
ボーヴォワール	村上益子
カール=バルト	大島末男
ウィトゲンシュタイン	岡田雅勝
ショーペンハウアー	遠山義孝
マックス=ヴェーバー	住谷一彦他
D・H・ロレンス	倉持三郎
ヒューム	泉谷周三郎
シェイクスピア	福田陸太郎 菊川倫子
ドストエフスキイ	井桁貞義
エピクロスとストア	堀田彰
アダム=スミス	浜林正夫 鈴木亮
ポパー	川村仁也
フンボルト	西村貞二
白楽天	花房英樹
ベンヤミン	村上隆夫
ヘッセ	井手賁夫
フィヒテ	福吉勝男
大杉栄	高野澄
ボンヘッファー	村上伸
ケインズ	浅野栄一
エドガー=A=ポー	佐渡谷重信
ウェスレー	野呂芳男
レヴィ=ストロース	吉田禎吾他
ブルクハルト	西村貞二
ハイゼンベルク	小出昭一郎
ヴァレリー	山田直
プランク	高田誠二
ラヴォアジエ	中川鶴太郎
T・S・エリオット	徳永暢三
シュトルム	宮内芳明
マーティン=L=キング	梶原寿
ペスタロッチ	長尾十三二 福田弘
玄奘	三友量順
ヴェーユ	冨原眞弓
ホルクハイマー	小牧治
サン=テグジュペリ	稲垣直樹
西光万吉	師岡佑行
ヴァイツゼッカー	加藤常昭
メルロ=ポンティ	村上隆夫
オリゲネス	小高毅
トマス=アクィナス	稲垣良典
ファラデーとマクスウェル	後藤憲一
津田梅子	古木宜志子
シュニツラー	岩淵達治
タゴール	丹羽京子
カステリョ	出村彰
ヴェルレーヌ	野内良三
コルベ	川下勝
ドゥルーズ	鈴木亨
「白バラ」	関楠生
リジュのテレーズ	菊地多嘉子
リッター	西村貞二
プルースト	石木隆治
ブロンテ姉妹	青山誠子
ツェラーン	森治
ムッソリーニ	木村裕主
モーパッサン	村松定史
大乗仏教の思想	副島正光
解放の神学	梶原寿
ミルトン	新井明
ティリッヒ	大島末男
神谷美恵子	江尻美穂子
レイチェル=カーソン	太田哲男
オルテガ	渡辺修
アレクサンドル=デュマ	辻昶 稲垣直樹
西行	渡部治
ジョルジュ=サンド	坂本千代
マリア	吉山登

ラス=カサス	染田 秀藤
吉田松陰	高橋 文博
パステルナーク	前木 祥子
パース	岡田 雅勝
南極のスコット	中田 修
アドルノ	小牧 治
良寛	山崎 昇
グーテンベルク	戸叶 勝也
ハイネ	一條 正雄
トマス=ハーディ	倉持 三郎
古代イスラエルの預言者たち	木田 献一
シオドア=ドライサー	岩元 巌
ナイチンゲール	小玉香津子
ザビエル	尾原 悟
ラーマクリシュナ	堀内みどり
フーコー	今村 仁司 栗原 仁
トニ=モリスン	吉田 廸子
悲劇と福音	佐藤 研
リルケ	星野 慎一 小磯 仁
トルストイ	八島 雅彦
ミリンダ王	森 祖道 浪花 宣明
フレーベル	小笠原道雄
ヴェーダからウパニシャッドへ	針貝 邦生
ベルイマン	小松 弘
アルベール=カミュ	井上 正
バルザック	高山 鉄男
モンテーニュ	大久保康明
ミュッセ	野内 良三
ヘルダリーン	小磯 仁
チェスタトン	山形 和美
キケロー	角田 幸彦
紫式部	沢田 正子
デリダ	上利 博規
ハーバーマス	小牧 治 村上 隆夫
三木清	永野 基綱
グロティウス	柳原 正治
シャンカラ	島 岩
ハンナ=アーレント	太田 哲男
ミダース王	西澤 龍生
ビスマルク	加納 邦光
オパーリン	江上 生子
アッシジのフランチェスコ	川下 勝
スタール夫人	佐藤 夏生
セネカ	角田 幸彦
ペテロ	川島 貞雄
ジョン・スタインベック	中山喜代市
漢の武帝	永田 英正
アンデルセン	安達 忠夫
ライプニッツ	酒井 潔
アメリゴ=ヴェスプッチ	篠原 愛人
陸奥宗光	安岡 昭男